Lieblings-plätze

von Koblenz zu Rhein und Mosel

Lieblingsplätze

von Koblenz zu Rhein und Mosel

GMEINER

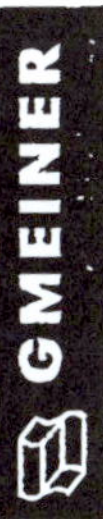

Jörg Schmitt-Kilian

Autor und Verlag haben alle Informationen geprüft. Gleichwohl wissen wir, dass sich Gegebenheiten im Verlauf der Zeit ändern, daher erfolgen alle Angaben ohne Gewähr. Sollten Sie Feedback haben, bitte schreiben Sie uns! Über Ihre Rückmeldung zum Buch freuen sich Autor und Verlag: lieblingsplaetze@gmeiner-verlag.de

Sofern nicht im Folgenden gelistet, stammen alle Bilder von Jörg Schmitt-Kilian: Lucky Luxem 10; Foto Gauls 14, 20, 30, 54, 82; Bernd Schneider 16; Klaus Sulzbacher 8, 132, 144, 184; Roland Reichel 22; Nina Borowski 24; Stefan Kesselheim 28, 66; York Schmede 32; P!Elmedia 34, 40, 56, 64, 78; Monika Retzmann 48; Hans-Peter Göderz 50/51; Ralf Prestenbach 60, 158; Antonello Cofone 62; Jürgen Wisselmann 68; Ralf Drubel 70; Volker Henk 72; Christian Johann 74; Kai Myller 76, 84; Annika Reich 80; Nowak, Waldhotel 86; Rhein-Lahn-Kreis 88, 140; York Schmede 92, 152; Weidelandschaft Schmidtenhöhe 102; Katja Rombelsheim 106; Mourad Akremi 108; Sepp Gans 110; Höhr-Grenzhausen-Touristik 120; Zoo Neuwied 124; Nicole Anker 126; Geysir Andernach 128; Burg Namedy 130; Vulkanpark 134; Rheinsteig-Büro 146; Jürgen Dedekind 148; Matthias Schmidt, ›mattphoto‹ 150; Elke Bolland 154; Hilde Joppich 160; Artur Lik 162, 164/165; Winningen-Touristik 168; Wolfgang von Canal 170; Löwenstein-Kröber 172; E. Wegner, Stiftung Denkmalschutz Bonn 180; Georg Kehr 182; Andreas Barth 186

QR-Code einscannen und kostenloses E-Book anfordern.

Besuchen Sie uns im Internet:
www.gmeiner-verlag.de

3., überarbeitete Neuauflage 2021
Im Ehnried 5, 88605 Meßkirch
Telefon 07575/2095-0
info@gmeiner-verlag.de

Lektorat/Redaktion: Ricarda Dück
Herstellung: Julia Franze
Umschlaggestaltung: Benjamin Arnold/Susanne Lutz
unter Verwendung der Illustrationen von © paullouis – stock.adobe.com; © SG-design – stock.adobe.com; © mohamed_hassan – pixabay.com; © Fiedels – stock.adobe.com; © jacartoon – stock.adobe.com; © ratkom – stock.adobe.com; © Katrin Lahmer; © Benjamin Arnold
Druck: AZ Druck und Datentechnik GmbH, Kempten
Printed in Germany
ISBN 978-3-8392-2633-9

WELTKULTURERBE OBERES MITTELRHEINTAL

ENTLANG DER MOSEL

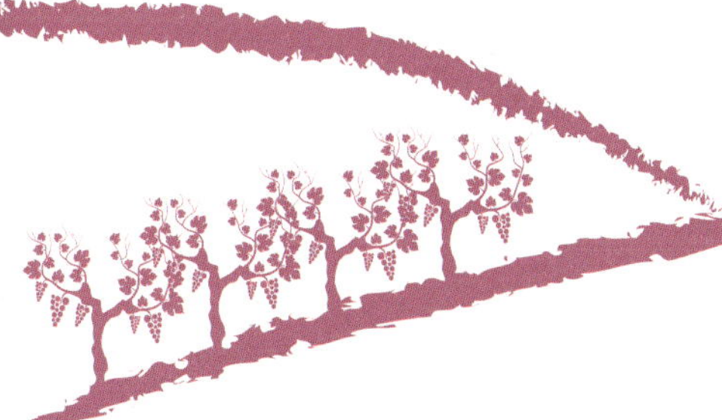

Stadtstrand Koblenz
DAS IST KEIN
LIEGESTUHL
DAS IST DEIN
LIEBLINGSPLATZ
DAS IST KEIN
LIEGESTUHL
DAS IST DEIN
LIEBLINGSPLATZ

DAS IST KEIN LIEGESTUHL
DAS IST KEIN LIEGESTUHL
DAS IST KEIN LIEGESTUHL

Stadt zwischen zwei Flüssen

Eine Einladung

Mehr als 3,5 Millionen Menschen besuchten 2011 die Bundesgartenschau in Koblenz und waren von der Stadt zwischen den zwei Flüssen begeistert. 69 Prozent wollen wiederkommen – irgendwann, mit mehr Zeit, spätestens 2029 zur BUGA im Mittelrheintal.

Ich möchte Ihre Neugierde wecken, Koblenz, das Mittelrheintal und die Terrassenmosel näher kennenzulernen. Ich habe Orte meiner Erinnerungen ausgewählt, Orte, an denen wir gefeiert und gelacht haben, aber auch Plätze der Stille, an denen ich entspannen konnte und die ich immer wieder gerne aufsuche. Da es persönliche Lieblingsplätze sind, erhebt das Buch keinen Anspruch auf Vollständigkeit. »Neu entdecken, erinnern und noch einmal bewusst erleben«, war mein Motto bei der Zusammenstellung. Ich würde mich freuen, wenn Sie (und Ihre Kinder) sich auch an diesen Plätzen wohlfühlen.

Erleben Sie jahrtausendealte Geschichte auf dem Ehrenbreitstein, und wenn der Festungssoldat bei einer szenischen Führung schreit: »Ich habe geschworen, dass nichts vergessen wird«, läuft Ihnen mit Sicherheit ein Schauer über den Rücken. Auf den Schlossstufen können Sie am Lieblingsplatz von Thomas Anders entspannen und den Blick auf die Festung genießen. Lassen Sie im Schmetterlingsgarten von Fürstin Gabriela zu Sayn-Wittgenstein die Seele baumeln, besuchen Sie Prinzessin Heide von Hohenzollern auf Burg Namedy oder Deutschlands Märchenburg Eltz. Probieren Sie Rheinwein bei Matthias Müller, dem Winzer des Jahres 2011, oder Moselweine im *Weingut Toni Müller* und beim Kellermeister von Günther Jauch. Entspannen Sie auf der Terrasse im *Fährhaus am Stausee* oder dem Sonnendeck eines Ausflugsdampfers. Wer es sportlich mag, wandert auf Schusters Rappen über einen Traumpfad oder tritt in die Pedale auf den Radwegen an Rhein, Mosel und Lahn.

Wer in die jüngere Vergangenheit Koblenz eintauchen möchte, dem empfehle ich begleitend den historischen Kriminalroman *Rheinlandbastard* von Dieter Aurass über die Situation nach dem Ersten Weltkrieg unter französischer Besatzung. Mich können Sie wiederum für eine »kriminelle Wanderung« zu einigen meiner Lieblingsplätze buchen (schmitt-kilian@onlinehome.de), und ich werde Ihnen an realen Tatorten einige Stories erzählen. Dramatisch. Manchmal lustig. Meist unglaublich, aber wahr!

Das Buch ist in fünf Regionen gegliedert und möchte eine erste Planung für den Besuch Ihrer persönlichen Lieblingsplätze erleichtern. Im ersten Kapitel führe ich Sie durch die schmalen Gassen der Altstadt mit liebevoll restaurierten historischen Gebäuden und lauschigen Plätzen. Flanieren Sie durch die Rheinanlagen oder wandern Sie durch das Wildfreigehege am Forsthaus Remstecken.

Im zweiten Kapitel (ent-)führe ich Sie auf die gegenüberliegende Rheinseite. Fahren Sie mit der Seilbahn hoch zur Festung Ehrenbreitstein und genießen vom Plateau den atemberaubenden Blick. Wandern Sie in das Mühlental und zum Naturschutzgebiet Schmidtenhöhe, wo Konikpferde und Taurusrinder in freier Wildbahn leben.

Im dritten Kapitel (rheinaufwärts bis Neuwied und Andernach) empfehle ich eine Rundwanderung auf der Insel Niederwerth und einen Sundowner in *Gretchens Garten.* Besuchen Sie den Neuwieder Zoo, bestaunen Sie in Andernach ein Weltwunder und machen Sie einen Abstecher zum Laacher See und in den Vulkanpark.

Das vierte Kapitel führt Sie ins Obere Mittelrheintal. Erleben Sie den Grand Canyon der Rheinromantik, wenn bei einer Schifffahrt mächtige Höhenburgen und romantische Winzerorte vorbeiziehen.

Im fünften Kapitel lernen Sie schließlich die Terrassenmosel und das unbekannte Maifeld kennen. Wandern Sie durch das Schrumpftal und bummeln Sie durch einen der idyllischen Winzerorte.

Ich würde mich freuen, wenn dieser Reisebegleiter Ihre Neugierde weckt und auch »Kowelenzer« die Plätze aufsuchen und Erinnerungen auffrischen. Der Koblenzer an sich ist ein geselliger Mensch. Lassen Sie den Tag nach dem Besuch Ihrer Lieblingsplätze in einer der Weinstuben, Bierlokale, Kneipen oder Gaststätten in der Altstadt ausklingen. Wenn Sie mit Einheimischen ins Gespräch kommen, wird ein Funke der sprichwörtlich bekannten »rhein-moselländischen Fröhlichkeit« überspringen.

Doch wenn Sie es lieber ruhig mögen, noch ein Tipp: in der Abenddämmerung eines lauen Sommerabends am Stadtstrand auf einem Liegestuhl eine Auszeit genießen … Lassen Sie sich von dem Foto auf der vorhergehenden Seite inspirieren.

Jörg Schmitt-Kilian

STADT KOBLENZ

1

Kurfürstliches Schloss
Neustadt 24
56068 Koblenz

Koblenz-Touristik GmbH
Bahnhofplatz 7
56068 Koblenz
0261 303880
www.koblenz-touristik.de

EIN SCHLOSS ÖFFNET SEINE PFORTEN

Kurfürstliches Schloss

Bis April 2011 war das Kurfürstliche Schloss ein schmuckloser Behördensitz. Erst seit der BUGA können Besucher das Gebäude auch von innen besichtigen. Jetzt freuen sich Koblenzer und Touristen über die direkte Verbindung vom Schloss zum Rhein, wo man auf der Flusstreppe einen Hauch von Rheinromantik genießen kann. Der ehemals verwilderte Bereich wurde nach Plänen von Peter Lenné in eine traumhafte Gartenanlage verwandelt.

Die ehemalige Residenz des letzten Erzbischofs und Kurfürsten von Trier, Clemens Wenzeslaus, wurde von 1777 bis 1786 erbaut und gehört heute zu den bedeutendsten Schlössern des französischen Frühklassizismus in Südwestdeutschland. Das Schloss mit seinen Zirkularbauten wurde im Zweiten Weltkrieg zerstört, die Außenmauern sind jedoch historisch.

Hier beginnt auch unsere Erkundung des »magischen Dreiecks« zwischen den zwei Flüssen. Von der Neustadt (Tiefgarage am Schloss) wandern Sie durch die Grünanlagen, gehen durch das Schloss und schlendern nach einer kurzen Besichtigung weiter Richtung Rhein. Verweilen Sie am berühmten Denkmal von Vater Rhein und Mutter Mosel. Beim Blick zum Rhein erkennen Sie ein Monument, das 1928 zu Ehren des Koblenzer Publizisten Joseph Görres errichtet wurde, der 1776 in der Rheinstraße geboren wurde. Er war einer der führenden Köpfe der revolutionären Jugend. Der Jüngling auf dem Sockel zeigt alle Finger seiner erhobenen Hand und soll das deutsche Volk zum Kampfe für Freiheit und Recht mahnen. Koblenzer Gymnasiasten kämpfen heute eher um gute Noten. Einige sollen sich am Denkmal treffen, wenn mal wieder eine Klassenarbeit mit Fünf bewertet wurde. Anderen wiederum hat man als Kind erklärt, der Mann auf dem Sockel bestelle auf der gegenüberliegenden Rheinseite fünf Bier. Stadtführer Manfred Gniffke hat mit Hinweis auf die Beamtenstadt eine weitere Erklärung parat: Die ausgestreckten Finger der rechten Hand stellen den deutschen Beamtengruß dar: »Heute noch keinen Finger krumm gemacht.«

Parken Sie in der großzügigen Tiefgarage unter dem Schloss: citynah und 24 Stunden geöffnet. Skateranlage und Spielplatz für große und kleine Kinder vor dem Schloss.

2

Mit Thomas Anders an den Schlossstufen
56068 Koblenz

Koblenz-Touristik GmbH
Bahnhofplatz 7
56068 Koblenz
0261 303880
www.koblenz-touristik.de

MIT DEN FÜSSEN IM FLUSS ENTSPANNEN

Schlosstreppe am Rhein

Er schreibt Songtexte, komponiert Lieder, moderiert Fernsehsendungen, ist Musikproduzent und mit 120 Millionen verkauften Tonträgern einer der erfolgreichsten deutschen Stars mit weltweitem Bekanntheitsgrad. Seine Leidenschaft für Koblenz spüre ich zum wiederholten Male, als ich mit dem berühmtesten lebenden Bürger unserer Stadt zu seinem persönlichen Lieblingsplatz spaziere, um von dort den Blick auf den Rhein, die Festung und den Stadtteil Ehrenbreitstein zu genießen.

Die 105 Meter lange, 13,90 Meter breite und 7 Meter hohe Schlosstreppe wurde erst 2011 gebaut und ist heute der begehrteste Lieblingsplatz der Koblenzer. Von den Rheinstufen schwärmt auch Thomas Anders, mit dem ich die Leidenschaft für diese Stadt uneingeschränkt teile:

»Als ich diese Treppe zum ersten Mal sah, war ich total fasziniert. Jetzt haben wir endlich eine direkte Verbindung vom Schloss an den Rhein. Koblenz begeistert mich immer wieder von Neuem und seit der BUGA kommen das Schloss und andere historische Gebäude noch mehr zur Geltung. Diese Stadt erdrückt dich nicht, denn sie bettet sich idyllisch in die herrliche Natur zwischen Rhein und Mosel ein. Früher konnte man auf dem Clemensplatz parken und direkt ins Theater gehen, aber wenn ich nun an dieser Stelle die Grünanlage und Bäume betrachte, benutze ich gerne die neue Tiefgarage und gehe die paar Meter zu Fuß. Bei der BUGA-Abschlussveranstaltung habe ich gesagt, dass es Autofahrer oft ärgert, wenn man an einer Ampel lange warten muss. Aber heute genieße ich in der Wartephase den Blick auf das renovierte Schloss. Koblenz ist meine Heimat, und nach meinen Welttourneen komme ich immer wieder gerne zurück. Ich werde hier auch nicht ständig angesprochen, denn für die Koblenzer bin ich einer von ihnen und sie respektieren mein Recht auf Privatsphäre. Das erlebe ich in anderen Städten nicht. Die Treppenanlage ist ein idyllischer Platz, wo man mit Blick auf den Fluss und die Festungsanlage nicht nur die Seele, sondern auch die Füße im Wasser baumeln lassen und richtig gut entspannen kann.«

Rollstuhlfahrer können auf ein Podest fahren und mit einer Doppelschiene am linken Treppengeländer bis zur mittleren Ebene gelangen.

8

Weindorf Koblenz
Julius-Wegeler-Straße 2
56068 Koblenz
0261 1337190
www.weindorf-koblenz.de

Rheinische Fröhlichkeit

Weindorf am Rhein

Das Weindorf ist ein Treffpunkt für traditionsbewusste Einheimische und Touristen. Hier findet man sie noch manchmal, die sprichwörtlich bekannte rheinische Fröhlichkeit. Bei der *Criminale* 2006, dem größten deutschen Krimifestival, war das Weindorf die Zentrale des Syndikats. Das ist kein Mafia-Clan, sondern die Vereinigung deutschsprachiger Krimiautoren (Jacques Berndorf, Nina George, Ingrid Noll, Sebastian Fitzek, Frank Schätzing, Arno Strobel u. v. a.).

Im Koblenzer Weindorf haben die Krimiautorinnen und Krimiautoren unter den alten Bäumen der Innenterrasse das besondere Flair und unsere heitere Lebensart genossen. Hier können Sie im Schatten der hohen Kastanien einen guten Riesling von Rhein oder Mosel trinken, und den Tag mit Musik und Tanz ausklingen lassen. Die Gebäude des Weindorfs wurden 1925 für die Reichsausstellung *Deutscher Wein* gebaut und weckten bereits damals das Interesse von Autoren und Journalisten an der Stadt und den an Rhein und Mosel angebauten Weinen. Reichspräsident von Hindenburg schickte ein Glückwunschtelegramm zur Eröffnung, und die Welt entdeckte damals die Koblenzer Kellereien. Da sich das Weindorf während der Ausstellung großer Beliebtheit erfreute, betrieb man die Gastronomie weiter. Nach der Zerstörung im Zweiten Weltkrieg wurden die Häuser in den 50er-Jahren wiederaufgebaut.

Hinter dem Weindorf wird auf einem Schuttberg Wein angebaut, der sogenannte Schnorbach Riesling. Josef Schnorbach war der erste Oberbürgermeister von Koblenz. Der schattige Weindorf-Innenhof wird von vier typischen Winzerhäusern aus verschiedenen Weinanbauregionen eingegrenzt. Hier können Touristen als Abschluss eines Koblenz-Besuchs bei einem deftigen Abendessen (etwa einem Rheinischen Sauerbraten) einen guten Tropfen Wein genießen.

Auf der BUGA war die ständige Ausstellung mit ihren Gärten eine der Hauptattraktionen. Hinter dem Weindorf erhebt sich die Rhein-Mosel-Halle, die 2012 nach jahrelangen Bauarbeiten neu eröffnet wurde.

Ich empfehle Ihnen einen Spaziergang durch die Kaiserin-Augusta-Anlagen über die Mozartbrücke und einen Rundgang auf der Insel Oberwerth mit Freibad und alten Villen.

4

Kaiserin-Augusta-Anlagen
56068 Koblenz
www.koblenz-touristik.de

Im Süden
Markenbildchenweg 30
56068 Koblenz
0261 29670990
www.imsüden-feinkost-kochbar.de

VERLIEBT IN DIE STADT

Kaiserin-Augusta-Anlagen am Rhein

Die Koblenzer verdanken Kaiserin Augusta (1811–1890) den nach ihr benannten Abschnitt der Rheinanlagen, den viele als den schönsten zwischen Basel und Rotterdam bezeichnen. Zu Ehren der großzügigen Stifterin der Kaiserin-Augusta-Anlagen wurde bereits 1896 ein Marmor-Monument errichtet: ein großes Rondell, in dessen Mitte die Kaiserin thront, flankiert von Seitenpfeilern, auf denen sich Löwenköpfe und Vögel befinden.

Die etwa dreieinhalb Kilometer lange Promenade am linken Rheinufer unterteilt sich in das Konrad-Adenauer-Ufer (Richtung Deutsches Eck) und die Kaiserin-Augusta-Anlagen (Richtung Oberwerth). Der geniale preußische Gartenbaumeister Peter Lenné gestaltete im Auftrag der Gattin von Kaiser Wilhelm I. diese Anlagen. Die beliebte Regentin lebte von 1850–1858 im Kurfürstlichen Schloss und »schenkte« der Koblenzer Bevölkerung das Rheinufer. »Es soll dem Volke […] geboten werden, ein Aufenthalt außerhalb der kleinen Wohnung und Gasse für Frau und Kind, des Wirtshauses für den Mann: als ›reine Luft‹ in jedem Sinne, Auf dass die gottgesegnete Gegend auch die Menschen zu erhöhtem und warmen Daseinsgefühle erhöbe.«

An der Uferpromenade entstanden eine Trinkhalle, kleine Tempel, ein Observatorium, Springbrunnen, Pflanzen- und Figurengruppen, Laubengänge und zahlreiche Kunstdenkmäler und Plastiken. Mit der Mischung aus Promenade, Volks- und Vergnügungspark setzte sich die Kaiserin selbst ihr schönstes und dauerhaftestes Denkmal.

Zu Ehren von Kaiserin Augusta feiern die Koblenzer jedes Jahr am ersten Wochenende im Juni das Augusta-Fest. Wenn Frauen und Männer in historischen Gewändern auf der Promenade flanieren, fühlt man sich in die guten alten Zeiten zurückversetzt. Neben Kutschfahrten, Führungen, künstlerischen und musikalischen Darbietungen werden historische Hofspiele, Fechtszenen mit Edelleuten, Schlosstänze, Kindertheater und Märchenerzählungen angeboten.

Kurzer Abstecher Richtung Hauptbahnhof zum Geheimtipp *Im Süden* – kleine, aber feine mediterrane Küche. Stammkarte mit wechselnde Zusatzgerichten. Feinkosttheke mit eigenen Kreationen und guten Weinen.

5

Pegelhaus
Konrad-Adenauer-Ufer 1
56068 Koblenz
0261 91489644
www.pegelhaus.eu

IM GLASHAUS DEN RHEIN GENIESSEN

Pegelhaus und Alter Rheinkran

Mit dem Ausbau der Moselwerft verlor der alte Rheinkran aus dem Jahr 1611 zunehmend an Bedeutung. Das markante Gebäude wurde später als Pegelhaus genutzt und ist heute ein Restaurant. Im Jahre 2011 wurde das alte Schieferdach abgerissen und durch ein Glasdach ersetzt. Die Gäste können beim Dinieren in der Glaskuppel nun einen Rheinblick der besonderen Art in alle Himmelsrichtungen genießen.

Wenn uns im Frühjahr die ersten Sonnenstrahlen verwöhnen, sitze ich gerne am hintersten Tisch auf der Terrasse des Pegelhäuschens. Ich hänge den linken Arm über das Geländer, beobachte die Schiffe, und mein Blick wandert bis zur Halbinsel Oberwerth.

Am achteckigen Gebäude des Pegelhäuschens sind die Hochwasserstände der vergangenen Jahre markiert und man gewinnt eine Vorstellung, wie hoch die Stadt überflutet wurde. Direkt neben dem Pegelhäuschen findet sich die Anlegestelle der kleinen Personenfähre nach Ehrenbreitstein. Von 1819 bis 1945 konnte man an dieser Stelle den Rhein über eine Pontonbrücke überqueren und heute noch kann man Überreste der Verankerung erkennen. Die Brückenhäuser werden als Souvenirläden und Imbisse genutzt. Auf der anderen Straßenseite steht das imposante ehemalige preußische Regierungsgebäude, heute Sitz des Bundesamtes für Wehrtechnik und Beschaffung (BWB), aufgrund einiger Affären auch Bundesamt für Wehrtechnik und Bestechung genannt. Am Prachtgebäude, das in der Epoche der Wilhelminischen Romantik erbaut wurde, sind meisterliche Steinmetzarbeiten zu sehen. Über dem Portal schmücken drei Bronzefiguren die Fassade: Der Mann verkörpert den Fischfang und die Schifffahrt, die Frau Ackerbau und Weinbau. Über beiden thront als Symbol der Macht der heilige Georg, der Drachentöter. Rechts daneben steht der Koblenzer Hof, ein ehemaliges Grandhotel. Dieses Gebäude wurde bis November 2011 vom *BWB* genutzt, kürzlich umbenannt auf *BAAINBw* (Bundesamt für Ausrüstung, Information und Nutzungstechnik der Bundeswehr).

Sehenswert ist die 1887 errichtete blaue Pegeluhr neben dem Gebäude, die nicht die Uhrzeit, sondern den jeweiligen Wasserstand des Rheins anzeigt.

6

Basilika St. Kastor
Kastorhof
56068 Koblenz
0261 31550
www.sankt-kastor-koblenz.de

Winninger Weinstuben
Rheinzollstraße 2
56068 Koblenz
0261 38707
winninger-weinstuben.de

ORTE DER STILLE UND INNEREN EINKEHR

Basilika St. Kastor und Paradiesgarten

Nur einen Steinwurf entfernt vom Deutschen Eck steht die älteste Kirche in Koblenz. Die von Papst Johannes Paul II. 1991 zur *basilica minor* erhobene Kastorkirche ist wegen ihres umfassend erhaltenen romanischen Baubestandes und der zum großen Teil originalen Ausstattung besonders sehenswert. Die Kirche wurde dem heiligen Kastor geweiht, der im 4. Jahrhundert in Karden an der Mosel in der Nähe von Koblenz als Missionar wirkte.

Der Paradiesgarten direkt neben der Basilika St. Kastor ist Tatort im erfolgreichen BUGA-Krimi von Gabriele Keiser. Die Autorin hat während der Bundesgartenschau an Originalschauplätzen Lesungen angeboten. Wollen wir hoffen, dass der Paradiesgarten weiterhin ein friedlicher Ort bleibt, an dem nicht wirklich jemand ermordet wird, und man sich in diese Oase der Stille zurückziehen und die Seele baumeln lassen kann.

»Franca sah auf den Mann, der mit ausgebreiteten Armen und Beinen zu ihren Füßen lag. Wie ein Schneeengel, schoss es ihr durch den Kopf. So haben wir als Kinder früher im Schnee Engel geformt. Nur dass der Mann nackt war und nicht auf einer Schneedecke lag, sondern auf kahler Erde, die sich wie ein abgestorbener Kreis inmitten eines rechteckigen Blumenbeetes abhob, das von niederen Buchsbaumpflanzen eingerahmt war und in dem die Farben Blau und Weiß dominierten. Als Paradiesgarten wurde dieses hübsch angelegte Areal neben der Kastorkirche bezeichnet. Davor befand sich ein lang gezogenes Wasserbecken, in dessen Seitenwände Sprüche und Psalmen eingemeißelt waren. Es war noch kühl an diesem Morgen im April. Zwischen hohen Bäumen zur Rheinseite hin ragte das raupenartige Dach der Talstation der Kabinenseilbahn hervor. Unermüdlich fuhren die Gondeln ein und wieder aus. Dahinter floss der Rhein, auf dem gerade ein Frachter geräuschvoll flussaufwärts tuckerte.« (Gabriele Keiser: *Engelskraut*, Gmeiner-Verlag).

Vor der Basilika steht der Kastorbrunnen. Die Stabsonnenuhr im Kirchgarten zeigt Uhrzeit und Datum an.

Probieren Sie im Schatten der *Winninger Weinstuben* einen Rebensaft und/oder auf der Terrasse vom *Ankerplatz* leckere Burger an der erhöhten Uferpromenade (www.anker-platz.com).

7

Ludwig-Museum
Danzinger Freiheit 1
56068 Koblenz
0261 3040412
www.ludwigmuseum.org

Gerhards Genussgesellschaft
Danziger Freiheit 3
356068 Koblenz
0261 91499133
www.gerhards-genussgesellschaft.de

ZEIG MIR DEN GROSSEN DAUMEN

Ludwig-Museum im Blumenhof

Von den Bauten des deutschen Ritterordens ist im romantischen Blumenhof noch das Deutschherrenhaus erhalten. Das historische Gebäude beherbergt heute das Ludwig Museum mit Ausstellungen zur zeitgenössischen Kunst. Das Museum zwischen der Basilika und dem Deutschen Eck ist eines von insgesamt fünf Museen in Deutschland, die das Sammlerehepaar Ludwig durch großzügige Schenkungen gefördert hat.

Der in Koblenz geborene Kunstsammler Peter Ludwig (1925–1996) stattete das nach ihm benannte Museum großzügig mit Leihgaben und Schenkungen aus. Das Museum pflegt enge Beziehungen zur französischen Kunstszene und daher gehören zum Fundus viele französische Kunstwerke. Neben der Dauerausstellung werden Sonderausstellungen für Freunde zeitgenössischer Kunst sowie Programme und Projekte für Kinder angeboten. So haben wir auch im Rahmen der *Criminale* zahlreiche Lesungen für junge Leseratten durchgeführt.

Im Hof des Ludwigmuseums empfängt ein überdimensionaler Bronzedaumen des Bildhauers César die Besucher; ein Kunstwerk, das bei den Touristen als Fotomotiv sehr beliebt ist.

An der Mauer neben dem westlichen Eingang zum Blumenhof stehen alte, wertvolle Grabplatten, die sich früher auf dem Kirchhof von St. Kastor befanden. In die Mauer zur Moselseite hat der Architekt von Canal geschickt einen modernen Glasbau in Würfelform integriert. Innerhalb des Architektenbüros kann man noch Überreste der alten Bruchsteinmauer erkennen. Besonders reizvoll ist diese Kombination zwischen Historie und Moderne, wenn das Gebäude bei Dunkelheit angestrahlt wird. Gehen Sie auf dem kleinen Weg neben dem Büro in die zweite Etage bis zur Installation der *Stätte der Erinnerung und des Vergessens* von Anne und Patrick Poirier, die diese Arbeit eigens zur Museumsgründung für diesen Ort entwickelt haben. Von hier oben haben Sie einen selbst Einheimischen oft nicht bekannten Blick rund um das Deutsche Eck.

Verbinden Sie eine Wanderung rund um das Deutsche Eck und den Besuch des Ludwig-Museums mit einem Besuch im Restaurant *Gerhards* oder im Café *Deutsches Eck* im Blumenhof.

8

Deutsches Eck
Reiterstandbild Wilhelm I.
Konrad-Adenauer-Ufer
56068 Koblenz

Königsbacher Biergarten am Deutschen Eck
Danziger Freiheit 2
56068 Koblenz
0261 9142323
www.koenigsbacher-biergarten.de

Die Rückkehr des Kaisers

Deutsches Eck zwischen Rhein und Mosel

»Er radelte am Rhein entlang. Die Sonne schien von einem strahlend blauen Himmel. Tom hatte das Gefühl, dass nicht er auf Koblenz, sondern die Stadt auf ihn zufuhr. Wie der Bug eines riesigen Dampfers teilt die Spitze des Deutschen Ecks die beiden Flüsse Rhein und Mosel. Über dem Reiterdenkmal glitzerten die spitzen Kirchtürme von St. Florin, Liebfrauen und der Basilika St. Kastor.« (Jörg Schmitt-Kilian: *Leichenspuren*, Imprimatur-Verlag 2017).

Einer meiner Lieblingsplätze, die sich großer Beliebtheit erfreuen, ist das weltweit bekannte Deutsche Eck. Nach einem kurvenreichen Lauf fließt hier die ruhige Mutter Mosel in den stärker strömenden Vater Rhein. Zwischen den Flüssen breitet sich eine der ältesten Städte Deutschlands aus. Ich erinnere mich noch an das Deutsche Eck ohne »Kaiser Willem«. So nannte mein Opa Jakob ihn, wenn er – mein Opa – in seinen historischen Büchern blätterte, die so schwer waren, dass ich sie nicht tragen konnte. Als Junge war ich fasziniert von den bunten Uniformen und den Bildern der Schlachtfelder. So ändern sich die Zeiten.

Das 1897 zur Erinnerung an die Einigung des Deutschen Reiches errichtete, 350 Zentner schwere Reiterstandbild Kaiser Wilhelms I. wurde im Zweiten Weltkrieg zerstört. Nur den Kopf des Originals kann man noch vor dem Mittelrheinmuseum besichtigen. Auf dem riesigen Steinsockel stand lange lediglich ein Mast mit der deutschen Fahne, und erst 1993 wurde die Nachbildung auf den Sockel gehoben. Das 37 Meter hohe Denkmal war bis zur Wiedervereinigung Deutschlands als Mahnmal der Deutschen Einheit bekannt und lockt nach wie vor Touristen aus aller Welt an den Zusammenfluss von Rhein und Mosel.

Übrigens liegt das ursprüngliche Deutsche Eck nicht an dieser Stelle, sondern am Eckturm in der Mauer des Blumenhofes. Hier befindet sich das Kreuz des Deutschen Ritterordens, der sich 1216 an dieser Stelle ansiedelte. Bis Mitte des 19. Jahrhunderts führte ein schmaler Leinpfad an dieser Mauer vorbei. Diese Ecke wurde »Ecke der Teutschen« genannt.

Steigen Sie die 107 Stufen hinauf zum oberen Aussichtsring und genießen Sie den Blick auf die Festung Ehrenbreitstein und das Rheintal bis zur Insel Niederwerth.

9

Wasserspielplatz am Deutschen Eck
Danziger Freiheit
56068 Koblenz

Historisches Restaurant Deutscher Kaiser
Kastorstraße 3
56068 Koblenz
0261 91481420
www. restaurant-deutscher-kaiser.de

NICHT VON DER STANGE

Wasserspielplatz am Deutschen Eck

Für die Bundesgartenschau wurden vier Spielplätze für Kinder verschiedener Altersstufen angelegt. Das Besondere: Koblenzer Kinder konnten die Spielplätze – etwa die Tritt- und Sitzsteine als »Inseln« in der Wasserfläche – mitgestalten. Der Wasserspielplatz am Deutschen Eck gehört zu *den* Anziehungspunkten für Familien. Die Kleinen planschen und die Eltern sitzen im Biergarten und erfrischen sich auf andere Weise.

Eine besondere Attraktion für Kinder ist der Wasserspielplatz hinter dem Deutschen Eck. Koblenzer Kinder haben ihre Vorstellungen von Wasserwelt vor der Planung miteinbringen können. Der Wasserspielplatz bietet nicht nur reines Plansch-Vergnügen, er soll Kinder auch dazu anregen, mit Wasser zu experimentieren. An sieben Spielstationen erleben Kinder das Element Wasser in ruhigen Wasseroberflächen, kräftigen Springquellen, Stauwehren und Wasserrädern. Zudem können sie die Fließrichtung des Wassers beeinflussen und als Schleusenwärter arbeiten.

Der Spielplatz am Kurfürstlichen Schloss hingegen wurde ganz im Zeichen seiner klassischen Kulisse errichtet. Das Schmuckkästchen der Kaiserin Augusta lädt mit überdimensionalen Spiegeln und Haarnadeln als Schaukel und Wippe zum Spielen ein. Die Skaterbahn auf der anderen Seite durften Koblenzer Jugendliche mitentwerfen. Koblenzer Kinder wachsen quasi mit den Spielplätzen auf: als Kleinkinder auf dem Wasserspielplatz oder im Schmuckkästchen der Kaiserin Augusta, im Grundschulalter auf dem abwechslungsreichen Bleidenberg und später als Jugendliche auf der Skaterbahn.

Ein schöner Fußweg in die Stadt führt an der Mosel entlang zum *Deutschen Kaiser*. Bis zur Renovierung des Gebäudes spielte ich mit meinen Freunden in der urigen Atmosphäre des alten Gasthauses mit seinen spätgotischen Gewölben regelmäßig Skat. Dann zog es sich aufgrund zahlreicher Differenzen zwischen Eigentümern und Stadt Jahre hin, bis das Gebäude saniert und baulich erweitert wurde. Das traditionsreiche Gebäude aus dem Jahre 1521 in der Form eines Wohnturms hat als einziges Haus in diesem Bereich der Altstadt die Luftangriffe auf die Stadt heil überstanden.

Während Ihre Kinder spielen, entspannen Sie im Biergarten am Rhein oder an der *Langen Tafel* vor dem Schloss.

10

Altes Kauf- und Danzhaus
Florinsmarkt
56068 Koblenz

Weinhaus Hubertus
Florinsmarkt 6
56068 Koblenz
0261 31177
www.weinhaus-hubertus.de

Wer streckt da die Zunge raus?

Florinsmarkt

Manchmal tauchen die Bilder auf: eine laue Sommernacht. Der Mann klettert auf das Gerüst zum Kirchturm der Florinskirche und will sich hinunterstürzen. Ein junger Polizist verfolgt ihn mit schlotternden Knien. Ich weiß nicht, wie ich den Mann überreden konnte. Vermutlich waren es nicht meine Worte, sondern er spürte, wie ich mit jedem Meter stärker zitterte. So nahm der Einsatz für uns beide ein glückliches Ende.

Ebenso die Alarmierung zu einem Einbruch mit dem Verdacht, dass der Täter sich noch in der Wohnung befindet. »Im ersten Stock ist ein Einbrecher«, teilt der Anrufer aufgeregt mit. Als wir durch die unverschlossene Tür die Wohnung in dem Eckhaus am Florinsmarkt betreten, springt uns ein mittelgroßer Affe entgegen. Der Besitzer hatte weder Eingangstür noch Käfig abgeschlossen. Nun muss ich aufhören, in den Erinnerungen zu schwelgen, aber beim Schreiben fallen mir Geschichten ein aus der Zeit, als die heute liebevoll restaurierten Häuser der Altstadt eher abbruchreifen Ruinen glichen.

Der Florinsmarkt wird durch vier prachtvolle Bauten geprägt. Im Bürresheimer Hof war von 1851 bis zur Reichspogromnacht die Synagoge der Koblenzer Juden. Im Alten Kauf- und Danzhaus aus dem 14. Jahrhundert war das Mittelrhein-Museum untergebracht, das 2013 ebenso wie die Stadtbibliothek in das *Forum Confluents* umgezogen ist. Unter der Uhr auf der Südseite befindet sich die Maske des Raubritters Johann Lutter von Kobern, der »Augenroller«. Der grimmige Ritter verdreht dauernd die Augen. Zur vollen Stunde streckt er entsprechend der Uhrzeit die Zunge heraus, zur halben Stunde nur einmal. Der Raubritter wurde am 14. Oktober 1536 auf dem Plan enthauptet. Vorher soll er den Ratsherren und den zahlreichen Zuschauern die Zunge herausgestreckt und furchtbar mit den Augen gerollt haben. Das für die Stadtschöffen 1528 errichtete Schöffenhaus hat einen Erker auf der Moselseite und vier Ecktürme. Die ehemalige katholische Stiftskirche St. Florin aus dem 12. Jahrhundert wird heute von den Koblenzer Protestanten genutzt.

Kehren Sie am Florinsmarkt im *Weinhaus Hubertus* (www.weinhaus-hubertus.de) oder in der Burgstraße 7 bei Shay Dwyer im *Irish Pub* (www.irishpubkoblenz.de) mit Livemusik ein.

11

Pfefferminzje
Mehlgasse 12
56068 Koblenz
0261 2017777
www.pfefferminzje.de

Dormonts
Gemüsegasse 5
56068 Koblenz
0261 3002110
www.dormonts.de

WER DIE WAHL HAT, HAT DIE …?

Mitten in der Altstadt

Beginnen Sie den Tag mit einem Frühstück in einem der gemütlichen Cafés zwischen Münzplatz und Gemüsegasse. Für Nachtschwärmer, Langschläferinnen und Langschläfer bietet das *Pfefferminzje* sogar bis 17 Uhr ein Frühstück an. Neben den hier genannten Lokalitäten finden Sie in der Altstadt zahlreiche weitere Einkehrmöglichkeiten. Traditionsliebende werden sich im *Café Werrmann* am Münzplatz wohlfühlen.

An der Ecke zum »Paradies« befindet sich die Koblenzer Antwort auf Wiener Kaffeehaus-Atmosphäre: die Kaffeewirtschaft von David Richard. Ich musste lange recherchieren, bis ich – mal wieder – von Manni Gniffke erfahren habe, woher der Name »Paradies« stammt: An dieser Stelle befand sich früher ein kleiner Garten, in dem tagsüber die Stadtsoldaten mit Pfeil und Bogen auf runde Zielscheiben schossen, um ihre Treffsicherheit zu verbessern. Außerhalb des Schießtrainings und in den sommerlichen Abendstunden entspannten die Altstadtbewohner in dem Paradiesgärtlein.

Die *Kaffeewirtschaft* an der Ecke Paradies / Münzplatz ist eine Symbiose aus rheinischer Lebensart und Kaffeehaus. Der besondere Charme des Jugendstilraumes ergibt sich aus einer geglückten architektonischen Verbindung der historischen Substanz mit modernen Bauelementen. Auf der kleinen Bühne haben Alt-Oberbürgermeister Schulte-Wissermann, Manni Gniffke und ich beim Sonntagsfrühstück »Kowelenzer« Geschichten erzählt: eine kleine Talkrunde unter Altstädtern über Lokalpolitik. Unter der geschützten Freiterrasse in dem Arkadengang kann man auch bei schlechtem Wetter – besonders an Markttagen – das Treiben auf dem Münzplatz beobachten.

Bei unserer Freundin Vera im Altstadtlokal *Dormonts* spiele ich mit meinen ältesten Freunden (seit 40 Jahren!) Skat. Unsere Wanderungen planen wir an einen meiner Lieblingsplätze aus diesem Buch. Das Stadtflair gegenüber ist ebenfalls bei Einheimischen sehr beliebt.

Gehen Sie durch den Torbogen ins »Paradies«, die Treppe an der alten Burg hinunter zum Moselufer und wandern Sie bis zum Reiterstandbild Deutsches Eck.

12

Kaffeewirtschaft
Münzplatz 14
56068 Koblenz
0261 9144702
www.kaffeewirtschaft.de

Café Werrmann
Marktstraße11–13
56068 Koblenz
0261 33463
www.cafe-werrmann.de

DIE HUCKEWEIBER VOM MARKT

Münzplatz

Ich habe auf der Koblenzer Davidswache am Münzplatz mehr für das Leben gelernt, als während des gesamten Studiums. Wenn ich heute durch die schmalen Gassen schlendere, denke ich fast wehmütig an die Zeit als »Freund und Helfer« zurück. Begegnungen mit Altstädtern und Anekdötchen habe ich in meinen Büchern *Münz-Menschen*, *Kowelenzer Butze* und der regionalen beliebten *Blaulicht*-Serie in den Wochenendausgaben der Lokalanzeiger beschrieben, schöne Erinnerungen an eine Zeit, als sich Bürger und Polizisten noch mit (mehr) Respekt begegneten.

Auf dem Münzplatz stehen zwei Bronzefiguren des Bildhauers Fritz Berlin: Der *Schutzmann Otto* soll an das legendäre 1. Polizeirevier (1952–1978) erinnern. Vor dem Frühdienst und am Ende des Nachtdienstes schleppten wir jungen Hauptwachtmeister der Marktfrau Borns Käthche die Obst- und Gemüsekisten aus dem Keller unter der Wache, denn die schmale Treppe war für die alte Frau zu steil. Dafür wurden wir mit einem frischen Kopfsalat, einem Bund Möhrchen oder anderem Kleingemüse belohnt. Heute würden »Oberbedenkenträger« vermutlich ein Ermittlungsverfahren wegen Korruptionsverdachts einleiten. Damals lebten wir das Motto: Bürger und Polizei – wir brauchen uns.

Die Bronzefigur der Marktfrau ist *Frau Ringelstein*. Die Kinder riefen: »Frau Ringelstein, Frau Ringelstein, doh heft en gruße Hond sain Bein. Dä pinkelt an die Mann Spinat, dat mischt dä Krom suh delikat.« Und zwischen beiden Figuren ist folgender Spruch zu lesen: »Die Maatfrau sät zom Schutzmann, dat es mir jetzt zo bont. Do hat gepinkelt an mein Mann, dä Nobersch ihre Hond.« Mit »Mann« ist keine männliche Person, sondern der Weidenkorb (siehe *Wördaboch*) mit dem Gemüse gemeint. Die Koblenzer Marktfrauen wurden »Huckeweiber« genannt, weil sie den ganzen Tag am Stand saßen (hockten) und auf Kundschaft warteten. Frau Ringelstein, Borns Käth, Hassels Liss, Lewersch Bäb waren Frauen, bei denen das Herz am rechten Fleck saß. Im Metternicher Hof auf der anderen Seite des Münzplatzes wurde Fürst Metternich am 15. Mai 1773 geboren.

Schlendern Sie durch alle Gassen zwischen Florinsmarkt und Liebfrauenkirche, werfen Sie einen Blick in Innenhöfe und die kleinen Passagen.

18

Der Schutzmann Otto
Bronzefigur von Fritz
Berlin
Münzplatz
56068 Koblenz

Koblenz-Touristik GmbH
Bahnhofplatz 7
56068 Koblenz
0261 303880
www.koblenz-touristik.de

ALS »BUTZE« NOCH IN DIE KNEIPE GINGE

Schutzmann Otto an der Davidswache

1952 zogen die »Utze« oder »Butze« (so nannten wir die Schutzmänner) in das historische Haus. Wir waren noch Schulkinder und kannten jeden Schutzmann. Wenn zum Beispiel der Wachtmeister Dings die Ampel an den Vier Türmen bediente, musste man mit dem Fahrrad einen Umweg machen, wenn das Velo ohne die vorgeschriebene Beleuchtung (und das war bei den meisten so) im »öffentlichen Verkehr« gefahren wurde. Wachtmeister Dings hätte kontrolliert und uns »amtlich« aufgefordert, das Fahrrad »mit Licht und allem, was dazugehört« zwei Tage später auf dem Revier vorzuführen. Wir hatten Respekt vor der »Uhlerei«, so nannten wir die Revierbeamten.

Sie waren Autoritäten. Bei der Fronleichnamsprozession standen sie mit weißen Handschuhen, weißen Hemden und Krawatten am Prozessionsweg und salutierten, wenn »das Allerheiligste« vorbeigetragen wurde. Das hatte einen besonderen Grund: Direkt hinter dem Himmel marschierte immer Polizeipräsident Malmen, der insbesondere bei kirchlichen Anlässen großen Wert auf ein gutes Erscheinungsbild seiner Beamten legte.

Man musste stets mit der Präsenz der »Butze« von der Münz rechnen. Sie gingen oft Streife und kontrollierten die Einhaltung der Sperrstunde. Wenn es in der Kneipe »hinter geschlossenen Türen ruhig weiterging« störte sie das nicht – wenn sie auch zu einem Glas eingeladen wurden. Beim Keips Will in der Gaststätte *Zur Münz* wurde spät am Abend immer eine leere braune Aktentasche durchs Fenster gereicht, die dann – mit vollen Bierflaschen gefüllt – von einem »Butze« (äußerst vorsichtig, um Glasbruch zu vermeiden) zum Revier transportiert wurde. Heute müsste der Beamte (vielleicht) mit einer Dienstaufsichtsbeschwerde rechnen, aber damals wurde alles menschlicher geregelt – und das war gut so. Schade, dass es die Münzwache nicht mehr gibt.

Manfred Gniffke

Er ist einer der letzten Münz-Menschen, die noch in der Altstadt wohnen und aus »Film, Funk, Fernsehen und der Kowelenzer Fassenacht« bekannt.

14

Koblenzer Schokoladen
Löhrstraße 4
56068 Koblenz
0261 97378041
www.koblenzer-schokoladen.de

Café Extrablatt
Marktstraße 6–8
56068 Koblenz
0261 1334080
www. cafe-extrablatt.de

KÜSSCHEN FÜR DIE GANZE WELT

Koblenzer Schokoladen

Ein (nicht ganz) normaler Recherchetag. 10 Uhr – Manni Gniffke gibt mir an der Theke im Brauhaus wichtige Tipps. 11 Uhr – interessante Begegnung im Koblenzer Schokoladen. 12 Uhr – mein Freund Detlev Pilger (einer meiner Skatbrüder im *Dormont's*) verrät mir, er werde für den Bundestag kandidieren, und ich treffe mich auf dem Weihnachtsmarkt mit Judith W. Taschler (Glauser-Preisträgerin), die heute Abend in der Buchhandlung Reuffel aus *Die Deutschlehrerin* lesen wird.

Um 11 Uhr betrete ich die liebevoll dekorierte Chocolaterie. Da ständig neue Kundinnen den Laden betreten, komme ich zunächst nicht mit Detlef Jürgensen ins Gespräch. Dann geht eine Frau mit forschem Schritt direkt zur Verkaufstheke, gesteht dem Inhaber: »Ich bin Ihren Küsschen verfallen«, und zeigt ihm eine leere Packung Koblenzer Küsschen. Es entwickelt sich ein interessantes Gespräch. Mit jedem Satz spürt man Jürgensens Leidenschaft, als er der Kundin stolz erklärt, dass er Koblenzer Küsschen in die ganze Welt exportiere. Er schneidet einige Schokoladenküsschen in vier Teile und reicht uns Schokotrüffel, verrät aber nicht das Geheimnis seiner Produktionsstätte. »Die Schokolade schmeckt besonders intensiv mit Wein«, empfiehlt Jürgensen und berichtet von einer Wein-Schokoverkostung. Naschkatzen, die zudem gerne Wein trinken, kommen hier sicher auf ihre Kosten.

»Sie haben auch Kaffee?«, fragt die Dame erstaunt beim Blick auf das Regal hinter der Theke. Jürgensen erzählt, dass viele Kunden dies erst auf den dritten Blick registrieren. Die Kaffeemischungen werden von der Kaffeerösterei Langen geröstet, unter anderem natürlich auch die Koblenzer Mischung. »Und mit 40 Sorten sind wir der größte Anbieter von hochwertigen Trinkschokoladen mit der original typisch dickflüssig-cremigen Sorte«, erklärt Jürgensen stolz und wendet sich der nächsten Kundin zu. Später erzählt er mir, dass er vor 25 Jahren der erste Hundeflüsterer in Deutschland war und früher sein Geld als Musiker verdient habe.

»Küsschen darf man nur lutschen, aber Trüffel muss man kauen«, empfiehlt Detlef Jürgensen von der Chocolaterie.

15

Der resche Hennrich
Skulptur von Fritz Berlin
Marktstraße 13
56068 Koblenz

OB DAT WIRKLICH ALLES WOHR ISS?

Originale in Bronze und Stein

Ob die Geschichten, die von den Koblenzer Originalen erzählt werden, sich so ereignet haben, mag man glauben oder nicht. Wenn Teilnehmer einer Stadtführung einzelne Episoden anzweifeln (was selten geschieht), untermauert Stadtführer Gniffke den Wahrheitsgehalt der alten Anekdötchen mit dem überzeugenden Argument »dat hat mir main Uma erzählt, on watt main Uma erzählt hat, dat stemmt«.

Außer dem *Schutzmann* und der *Maatfrau* am Münzplatz finden Sie in der Altstadt weitere Figuren von Koblenzer Originalen. In der Gemüsegasse steht in Stein gemeißelt: »Spitals Andun«. Er war von kleiner Statur, hatte aber riesige Füße (Elbkähne) und kannte alle Namenstage. Der »Berufsgratulant« besuchte jedes Geburtstagskind in der Altstadt. Hatten mehrere Altstädter am selben Tag Geburtstag, gratulierte er mit nur einem Blumenstrauß und nahm ihn wieder mit. Und niemand verübelte es ihm.

Zwischen Liebfrauenkirche und Florinsmarkt steht *Dä Gummi* mit seinem Bauchladen. Den Spitznamen erhielt der schlanke Hausierer aufgrund seiner sprunghaften Gangart, die durch ein chronisches Nervenleiden ausgelöst wurde. Als er 1928 im Alter von 66 Jahren starb, wurde seinem Wunsch entsprochen und auf dem Grab folgende Inschrift eingemeißelt: »Im Leben hieß ich Peter Schneider, im Laufen war ich lustig heiter. Der Volksmund nannte mich Gummi, der Herrgott warf mich ummi.«

Resche Hennerich war ein für seine Streiche gefürchteter Schuhmacher, ein Schlitzohr, der sich auf anderer Leute Kosten viele Späße leistete. Als er bei den preußischen Truppen mit einer Trommel blinden Alarm auslöste und diese auf dem Paradeplatz (heute Görreplatz) antraten, wanderte er einige Wochen ins Gefängnis.

Zu den Koblenzer Urgesteinen gehört auch das *Pfefferminzje.* Die Tierliebhaberin zog durch die Kneipen und sammelte Geld für sich und herrenlose Hunde und Katzen. Sie verkaufte unter anderem auch Pfefferminzjer, konnte aber aufgrund fehlender Zähne das Wort nicht aussprechen und erhielt so ihren Namen.

Tipp: *Mir sein Kowelenzer Schängelcher,* ein kleines Büchlein mit vielen Anekdoten aus dem alten Koblenz von Manfred Gniffke.

16

Am Jesuitenplatz

L'Osteria
Am Plan 14–16
56068 Koblenz
0261 96096080
www. losteria.de

Hans im Glück
Am Plan 11
56068 Koblenz
0261 98867242
www.hansimglueck-burgergrill.de

SEHEN UND GESEHEN WERDEN

Am Plan

Die Feuerwehrfahrzeuge vor der alten Wache faszinierten mich als Kind so sehr, dass ich diese Szene als Diorama auf meiner Modelleisenbahn nachgestellt habe. Um die Mittagszeit kann man in den Lokalitäten windgeschützt in der Sonne sitzen. Viele Berufstätige verbringen im Sommer hier ihre Pause und beobachten interessiert, wer mit wem in der Stadt unterwegs ist. Manchmal entsteht dabei ein Stadtgespräch.

Bis 1967 war am Plan noch ein Haltepunkt der Straßenbahn, von den Koblenzern »de Elektrisch« genannt. Die Schienenbahn wäre heute sicherlich ein starker Publikumsmagnet, hätte man die Strecke vom Bahnhof bis zum Rhein erhalten.

Der Plan war jahrhundertelang ein Markt-, Turnier- und zentraler Veranstaltungsort. Bis 1894 residierten hier die Koblenzer Stadtherren und von 1910 bis 1973 war an dieser Stelle die Berufsfeuerwehr stationiert. Die vier Häuser auf der Nordseite im Stil des Klassizismus prägen mit ihren reich verzierten Giebeln das Bild des Plans, dahinter erheben sich am höchsten Punkt der Altstadt die Türme der Liebfrauenkirche, auch Owerpfarrkerch genannt. Neben der Treppe zur Liebfrauenkirche steht das historische Wirtshaus *Alt Coblenz* mit einem mittelalterlichen Kellergewölbe. Richtung Marktstraße lohnt sich ein kurzer Stopp an der Kreuzung inmitten der Fußgängerzone und ein Blick nach oben auf die Vier Türme. Die vier Fachwerkhäuser von 1608 mit ihren reich verzierten Erkertürmchen bilden eines der schönsten Ensembles der Koblenzer Altstadt.

Am Entenpfuhl hat die Koblenzer Bildhauerin Edith Peres-Lethmate einen Entenbrunnen gestaltet, in dessen Zentrum das *Enten-Len* flügelschlagende Enten nach Hause treibt. Bis Mitte des 18. Jahrhunderts war an dieser Stelle noch eine Kloake mit Abfluss in die Mosel. »Dat Entelehn traift sain Entcher en de Entenpfuhl«, sagten die Koblenzer, da in diesem Bereich des alten Stadtgrabens die Bürger früher ihr Federvieh hielten, daher auch der Name.

Um die Mittagszeit scheint die Sonne auf die Terrasse von *Hans im Glück*, *La Mamma* und *Steakhouse Los Gauchos*. Die Eisdiele auf der anderen Seite und *L'Osteria* liegen im Schatten.

17

Altes Brauhaus
Braugasse 4
56068 Koblenz
0261 1330377
www.altesbrauhaus-koblenz.de

E Gel o Sia
Braugasse 6
56068 Koblenz
0261 1334264
www.egelosia.de

ALTES BRAUHAUS NEU ERÖFFNET

Altes Brauhaus

In Monika Retzmanns uriger Gaststätte in der Braugasse kann man morgens um zehn mit Stadtführer Manni Gniffke noch in Ruhe ein kleines frisch Gezapftes trinken. Um die Mittagszeit herrscht reger Betrieb und am späten Nachmittag sind die meisten Tische besetzt. Aber man findet immer noch einen Platz an der Theke. Das Brauhaus ist ein Treffpunkt für Jung und Alt, hier begegnen sich Einheimische und Touristen.

Bereits ab dem Jahr 1689 wurde im Alten Brauhaus in Koblenz ein edles Bier gebraut. Seit jener Zeit ist die urige Gaststätte überregional für gute Biere bekannt. Aus dieser Braukultur entstand 1885 die eigentliche Königsbacher Brauerei. Der Gründer Josef Tillmann errichtete die Brauerei auf dem Gelände am Königsbach etwas außerhalb der Stadt, auf dem sich noch heute die »Königsbacher« befindet, in der auch das neue »Koblenzer« gebraut wird. Aus dem 19. Jahrhundert ist ein historisches Schmankerl überliefert, wonach ein Bürgermeister in einer behördlichen Verfügung folgendes Verbot erlassen hat: »Der Bürgermeister gibt bekannt: Am Mittwoch wird Bier gebraut. Deshalb darf ab Dienstag nicht mehr in den Bach geschissen werden.«

Nach zwei Jahren aufwendiger Renovierungs- und Restaurierungsarbeiten eröffnete das Alte Brauhaus im Jahre 2003. Darauf haben viele Koblenzer lange gewartet. Die gemütliche Gaststätte ist bei Einheimischen und Touristen gleichermaßen beliebt. Hier wurden schon viele Kontakte geknüpft, die über den abendlichen Aufenthalt im Brauhaus andauerten.

Das Alte Brauhaus erhielt im Jahre 2010 eine besondere Auszeichnung: den ersten Platz des Gastronomiepreises Rheinland-Pfalz in der Kategorie »Gasthaus für besondere Qualität und Gastfreundlichkeit«. Vom Heringessen nach Fastnacht über Osterschlemmen, Tanz in den Mai bis hin zu Vatertag-Events bietet Monika Retzmann ganzjährig viele Veranstaltungen.

Probieren Sie im Brauhaus ein naturtrübes Zischke, die urige Bierspezialität: ungefiltert, hefetrüb, lebendig-spritzig und naturfrisch im Geschmack und/oder ein Eis auf die Hand oberhalb im *E Gel o Sia.*

Blick auf Koblenz,
Hunsrück und Eifel

18

Am Jesuitenplatz

Eiscafé Brustolon
Firmungsstraße 34
56068 Koblenz
0261 35517
www.eiscafe-brustolon.de

Aran – Brotgenuss und Kaffeekultur
Jesuitenplatz 1–3
56068 Koblenz
0261 201640
www.aranhotel-koblenz.de

SÜDLICHES FLAIR IN DER ALTSTADT

Jesuitenplatz und Glockenspiel

12 Uhr. Strahlend blauer Himmel. Kein Windchen weht. Ich sitze vor der Eisdiele und trinke einen Cappuccino. Vor meinem geistigen Auge entsteht ein Bild: Ich stehe in meiner kurzen Lederhose am Fenster im Wartezimmer von Dr. F., drücke die Nasenspitze gegen die Scheibe und beobachte fasziniert die Menschen auf dem Jesuitenplatz. Und dann ertönt das Glockenspiel und ruft mich in die Gegenwart zurück. Wie damals?

Nein, hier täuscht mich die Erinnerung, denn das Glockenspiel läutet erst seit 1992, und in diesem Jahr trug ich definitiv keine kurzen Lederhosen mehr. Mein Onkel, ein Schneidermeister, hatte mir zum Geburtstag eine echte Krachlederne aus Hirschleder mit Latz und Hosenträgern geschenkt. »Die Hose muss vor Dreck stehen bleiben«, sagte er. Ich schüttete mir Limo, Cola und Tri Top über die Hose, wischte nach dem Verzehr des geliebten Brathendl im Wienerwald am Koblenzer Bahnhof meine fettigen Finger nicht mit der Serviette, sondern an der Hose ab, und vom Spielen blieb Dreck anhaften. Nun hatte ich eine echt wertvolle Hose. Zurück zur Gegenwart.

Die italienische Familie Brustolon stellte bereits 1936 das erste Speiseeis in Koblenz her. Wenn Sie auf der um die Mittagszeit stark besuchten Terrasse der Eisdiele keinen Platz finden, nehmen Sie einfach ein »Eis auf die Hand«, es schmeckt genauso gut. Von 10 bis 21 Uhr lässt das Glockenspiel an der Jesuitenkirche zu jeder vollen Stunde eine andere Melodie ertönen. Über 90 Melodien (vom Karnevalsschlager bis zum Kirchenlied) können je nach Jahreszeit programmiert werden, erklärt mir Manni Gniffke. In einem Schaukasten neben dem Eingang zum Jesuitenplatz kann man nachlesen, welche Lieder in dem jeweiligen Monat gespielt werden.

1580 bauten die Jesuiten die Klosterkirche auf der Ostseite des Platzes. In der Mitte des Jesuitenplatzes steht das Denkmal des berühmten Arztes und Physiologen Johannes Müller, der 1801 in der Jesuitengasse, nur paar Meter vom Standort des Denkmals entfernt, geboren wurde.

»Newe der Dür zom Jesuitekluster stinn die Lieder en em Schaukaste. Dat wissen oft selbst ahle Kowelenzer net!«, verrät mir Manni Gniffke.

19

Schängelbrunnen
Willi-Hörter-Platz
56068 Koblenz

WER SPUCKT DENN DA?

Schängelbrunnen und Schängellied

Auf dem Schängelbrunnen spuckt ein frecher Lausbub aus Stein die Passanten an. Und der Tourist fragt sich: Wer ist der Schängel? Wenn in der nach dem Zweiten Weltkrieg französisch besetzten Zone die Beziehung zwischen einer Koblenzerin und einem Franzosen Früchte trug, nannte man das Kind meist Hans, was dem französischen Jean entspricht. Irgendwann wurde daraus ein Schang, dann ein Schängel und heute ist jeder Koblenzer »en ächte Kowelenzer Schängel«.

In feucht-fröhlicher Runde stimmen die Koblenzer seit 1914 lautstark im Chor das Lied vom »Kowelenzer Schängelche« an.

E lustich Kowelenzer Schängelche ich sein,
Gedaaft met Rhein- on Musselwasser on met Wein,
Gesond an Herz, an Lewer on der Lung.
On sein och meiner Modder ihre allerbeste Jung!

Et es bekannt doch iwweral, Et waiß och jedes Kend,
Dat närjens en der ganze Welt, Die Schängelcher mer fend,
Als hei bei ons am Deutsche Eck, Wo seit uralter Zeit
Dat Kowelenzer Schängelche Am allerbest' gedeiht.
Es es vur kainem bang. Un singt sei Lewe lang:

On wenn em och dä kalte Wend als dorch dat Bexje bläst,
Et niemals dä Humor verleert, Dä Kopp nie hänge läßt.
Et singt on pfeift, es kreuzfidel, On hept grad wie en Spatz,
On wer met imm kei Spaß verstieht, Dat es en Bullewatz.
Wo Zitz on Zores hei, do es et stets dobei.

Dat Kowelenzer Schängelche Läßt nie im Lewe no,
On wenn et mol ein Schängel es, Sein annere widder do.
Su lang ons Mädcher Engelcher, Dat es die Quintessenz,
Do get et och noch Schängelcher En onser Residenz.
Dromm holl sich jeder schnell an ons hei dat Modell.

Text: Josef Cornelius
Melodie: Karl Kraehmer

Gehen Sie durch den Torbogen des Rathausgebäudes gegenüber vom Schängelbrunnen und besuchen Sie im Sommer das Café im Innenhof.

20

Historiensäule
Josef-Görres-Platz
56068 Koblenz

Adaccio
Firmungstraße 2
56068 Koblenz
0261 1005833
www.adaccio.de

EIN BRUNNEN ERINNERT AN 2.000 JAHRE

Görresplatz und Historiensäule

Auf dem Görresplatz standen damals riesige Bäume, Bata Illic hatte noch keinen Hitparaden-Platz bei Dieter Thomas Heck erobert, wohnte für 50 Mark zur Untermiete bei Tante Maria am Görresplatz und sang im *Oberbayern*. Irgendwann gelang Illic mit *Dich erkenn' ich mit verbundenen Augen* der Aufstieg. Ich erkannte damals den Görresplatz nicht mehr wieder, denn eines Morgens wurden die Bäume gefällt und mussten Autos den (Park-)Platz überlassen. Nach dem Bau der Tiefgarage wurden wieder Bäume gepflanzt, und heute ist der Görresplatz wie damals eine grüne Lunge inmitten der Altstadt. An der Stirnseite Richtung Mosel steht eines der schönsten Häuser, das Palais.

Zur 2.000-Jahr-Feier im Jahre 1992 schenkte das Land Rheinland-Pfalz der Stadt den Brunnen mit der Historiensäule. Nehmen Sie sich die Zeit bei der Betrachtung des von Jürgen Weber gestalteten Kunstwerks. In zehn Bildmotiven kann man die 2.000-jährige Geschichte der Stadt von ihrer Gründung in der Römerzeit bis zur Gegenwart verfolgen. Einheimische, Touristen und die Gäste der umliegenden Restaurants und Cafés zieht es immer wieder zu dem Geschichtsbuch der besonderen Art hin.

Die Säule steht auf einem Weinschiff mit rudernden Personen. Die erste Episode stellt das 1. bis 5. Jahrhundert mit Gebäuden der römischen Kastell-Siedlung dar. Der zweite Ring erinnert an bedeutende Konferenzen im Koblenz des 6. bis 9. Jahrhunderts, darüber das 10. bis 12. Jahrhundert, als Koblenz zum Erzbistum und Kurfürstentum Trier gehörte. Der vierte Ring thematisiert die Kreuzzüge und den Sklavenhandel im 12. und 13. Jahrhundert. Danach das Aufblühen der Stadt vom 13. bis 16. Jahrhundert. Das 17. bis 18. Jahrhundert war geprägt von den Verwüstungen und Plünderungen des Dreißigjährigen Krieges und Exzessen des Hexenwahns, danach die Französische Revolution und die preußische Epoche im 19. und 20. Jahrhundert. Der vorletzte Ring zeigt Zerstörungen im Zweiten Weltkrieg. Und über allem thronen Gebäude, die den Wiederaufbau in Koblenz symbolisieren.

Am Haus Firmungstraße 11 ziert ein riesiger Frauenkopf den Hausgiebel, er soll Hygieia, die griechische Göttin der Gesundheit und Hygiene, darstellen.

21

La Gondola
Rheinstraße 6
56068 Koblenz
0261 33136

Trattoria Adria
Rheinstraße 4
56068 Koblenz
0261 35387

WO SICH PROMINENTE VEREWIGEN

Restaurants zwischen Görresplatz und Rheinufer

Zwei meiner Lieblingslokale sind *La Gondola* und *Adria*. In der Trattoria *Adria* waren schon viele Prominente zu Gast: Mario Adorf, Thomas Anders und Fußballlegende Rudi Gutendorf haben sich an der Wand verewigt. Wie im *Adria* treffen sich auch im *La Gondola* viele Stammkunden zum Mittagessen. Bis zum späten Abend sieht man meist bekannte Gesichter. Beide Restaurants sind auch kulinarische Lieblingsplätze meines Kommissars Tom Schneider in den Kriminalromanen *Spurenleger*, *Leichenspuren* und *Verschwunden*.

Bei dem stets freundlichen Gabriele Pavone bestelle ich oft den Loup de mer auf Oliven mit frischem Blattspinat und Rosmarinkartoffeln. Gabriele führt seit etlichen Jahren das *La Gondola*, seit Kurzem gemeinsam mit seinem Sohn Patrick.

Ein paar Meter weiter leiten Antonietta und Loredana die Trattoria *Adria* »mit strenger Hand«. »Wie immer?«, fragt Antonietta kurz. Klar, wie immer, denn ich habe selbst in Italien niemals bessere Spaghetti carbonara gegessen. Nach dem obligatorischen Gruß aus der Küche genieße ich die Pasta aus der großen Schüssel, bis auf die letzte Nudel. »Noch einen Espresso, Commissario?«, erkundigt sich Antonietta, und Loredana kommt aus der Küche, wischt sich die Finger an der roten Schürze ab, reicht mir die Hand. Sie hat immer einen kecken Spruch auf den Lippen. Ich fühle mich wie in einem Roman von Donna Leon.

Clemens Cajan verwirklicht im Restaurant *Ankerplatz* (vorher *C's*) seine persönliche Vision des perfekten Restaurants. Neueröffnung war am 6. Dezember 2019 mit erweiterter Speisekarte. Genießen Sie mit Blick auf den Rhein butterzarte Steaks, deftige Currywurst und hausgemachte Burger.

Natürlich gibt es in Koblenz viele gute Restaurants (*Augusta*, *Stein-Schiller* in Koblenz-Lützel und andere), die ich in diesem Buch nicht alle aufführen kann.

Machen Sie nach dem Essen einen kleinen Verdauungsspaziergang um den Block über die Rheinpromenade zum Deutschen Eck und zurück durch Blumenhof und Paradiesgarten.

22

Circus Maximus
Stegemannstraße 30
56068 Koblenz
0261 3002357
www.circus-maximus.org

HIER GIBT'S WAS AUF DIE OHREN

Circus Maximus

Im *Circus Maximus* ist meistens was los, (fast so) wie im alten Rom. Auch wenn die Koblenzer Ausgabe etwas kleiner ausfällt als das Original in Italien: Einen Besuch ist der Koblenzer *Circus Maximus* in der Stegemannsstraße immer wert. Ob Reamonn, Sportfreunde Stiller, das Frank Popp Ensemble, Charlie Mariano, Gentleman: Die Liste bekannter Künstler, die in den letzten Jahren im *Circus Maximus* gastierten, wird immer länger.

Neben Konzerten und Lesungen von national und international bekannten Stars hat sich der *Circus Maximus* auch als Bühne für regionale Künstler einen Namen gemacht. Als Forum für erste Bühnenerfahrungen lokaler Künstler oder als Spielwiese für »alte Hasen« bieten die Katakomben eine willkommene Möglichkeit zur Präsentation des Könnens.

Besondere Erwähnung verdient in diesem Zusammenhang eine Veranstaltung, die in einzigartiger Weise zur kulturellen Bereicherung von Koblenz beiträgt. Die Rede ist vom *Reimstein*, dem Koblenzer Poetry-Slam. Poetry-Slams gibt es mittlerweile fast überall, selbst im Fernsehen, aber das ist kein Ersatz für das Live-Erlebnis in der etablierten Slam-Hochburg *Circus Maximus*. Hier treffen sich Menschen, um Gedichte und Geschichten, Prosa und Poesie vorzutragen. Jeder Slammer hat sieben Minuten Zeit, und im Anschluss entscheidet das zahlreiche Publikum, ob der oder die Vortragende weiterkommt oder nicht, und kürt den Sieger beziehungsweise die Siegerin des Abends. Musik und Requisiten sind nicht erlaubt. Der Koblenzer Poetry-Slam genießt in ganz Deutschland einen sehr guten Ruf. (Anmeldung unter: www.koblenzer-reimstein.de).

Der Inhaber des *Circus Maximus*, Ralf Prestenbach, lässt in *Heiliger Bimbam* lustige Anekdötchen aus seiner Messdienerzeit Revue passieren. *Weck mich am Arsch!* ist ein Handbuch für Langschläfer – nicht nur für solche, die sich im *Circus Maximus* die Nacht um die Ohren geschlagen haben. Unter www.schnäppschenjagd.de bietet *Circus Maximus* auch lustige Stadtführungen an.

Nur Mut! Besteigt die Bühne, schreit oder flüstert euer Selbstgeschriebenes in die begeisterte Menge!

23

Obere Löhr
Antonello Cofone
Löhrstraße 107
56068 Koblenz
0261 97353950

Café Baumann
Löhrstraße 93
56068 Koblenz
0261 31433
www.cafebaumann.de

PASTA, BÜCHER UND ERINNERUNGEN

Obere Löhr

Jugenderinnerungen: In der *Milchbar* gab es alles, nur keine Milch. Discjockey Udo legte runde schwarze Scheiben mit einem Loch in der Mitte auf, und aus der Knutschecke stieg würzig-süßlicher Geruch in die Nase. Zum Ärger von Rosi und Helga tauschten wir manchmal »schlagkräftige Argumente« aus. Wenn vor der *Milchbar* grüne Männer aus einem Auto sprangen, flüchteten wir durch den hinteren Passagenausgang. Dann wechselte ich die Seiten.

Die Obere Löhr ist die Verlängerung der Fußgängerzone von der Herz-Jesu-Kirche in Richtung Bahnhof. Mit dieser Straße verbinde ich nicht nur Erinnerungen an meine »Sturm- und Drangzeit« in der *Milchbar* (heute *Apollo-Kino-Passage*): Bei Spielzeug-Hartkorn kaufte ich Zubehör für meine Modelleisenbahn, ich saß Händchen haltend im *Café Bülles* (heute *Baumann*), trank Kakao mit der nächsten großen Liebe, und unsere Clique traf sich am Rosenmontag mehr oder weniger alkoholisiert vor der Buchhandlung Reuffel »zum Zuch gugge«. Vor Reuffel riskierte ich eine dicke Lippe, die danach auch blutete, aber die Schaufensterscheibe hatte den Schlag verkraftet.

Später lernte ich die Buchhandlung auch von innen kennen. Inhaber Eberhard Duchstein gab mir bereits 1992 wertvolle Tipps für mein erstes Buch und die Buchhändlerin Ricarda Eicher ist mir heute noch eine wichtige Ratgeberin. Im *Odeon* fand die Preview des Kinofilms *Lauf um dein Leben* nach meiner Buchvorlage *Vom Junkie zum Ironman* statt und zur Koblenzer Filmpremiere habe ich meine Gäste zu Prosecco, Pasta, Wein und außergewöhnlichen Grappa-Sorten bei Antonello Cofone eingeladen.

Nein, diese Straße verdient es wirklich nicht, dass man sie links liegen lässt. Schlendern Sie durch die Obere Löhr, kehren Sie bei *Reuffel* (Buchhandlung des Jahres 2009), im *Café Baumann* (Gastronomiepreis im Jahr 2011) oder bei *Cofone* ein. Vom Friedrich-Ebert-Ring bis zum Rizza-Carree finden Sie einen bunten Branchenmix, im *Ibis* wohnen Sie zentral und der *Hexenkessel* gegenüber ist nicht nur bei Frauen beliebt.

Café Baumann: Lassen Sie sich in einer Umgebung von Schokolade-, Vanille- und Kaffee-Aromen die zarten Trüffel und selbst hergestellte Pralinen auf der Zunge zergehen.

24

Deinhard-Kellermuseum
Deinhardplatz 3
56068 Koblenz
0261 91151510
www.deinhard.de

Theater Koblenz
Clemensstraße 5
56068 Koblenz
0261 1292870
theaterkoblenz.de

EINE DER ÄLTESTEN BÜHNEN IM LAND

Deinhard-Kellermuseum und Stadttheater

Das Stadttheater ist der einzige klassizistische Theaterbau und das älteste noch erhaltene Rangtheater am Mittelrhein. 1787 ließ Clemens Wenzeslaus von Sachsen den Bau errichten und noch im selben Jahr wurde das Theater mit einer Aufführung von Mozarts *Die Entführung aus dem Serail* eingeweiht. Im Gebäudekomplex befinden sich zwei Restaurants, das Hotel Trierer Hof und nebenan das Deinhard-Kellermuseum.

In nur sieben Monaten wurde das schönste Theater am Mittelrhein erbaut. Der Brunnenobelisk vor dem Gebäude ist ein Geschenk des Kurfürsten. Hier konnten die Koblenzer sich ab 1791 kostenlos frisches Quellwasser holen, denn bis dahin waren die Städter auf mit dem Eimer geschöpftes Brunnenwasser angewiesen.

Neben dem Theater steht das Stammhaus der Firma Deinhard. Das durch seinen Sekt weltweit bekannt gewordene Unternehmen eröffnete am 1. Mai 1794 die Kellerei. Der Koblenzer Arzt Dr. Wegeler und seine Frau Eleonore, deren Familie später Teilhaber bei Deinhard wurde, waren übrigens eng mit Ludwig van Beethoven befreundet. Zurück in die Gegenwart.

Viele werden sich an den Werbeslogan »Wo ist der Deinhard?« erinnern. Die Koblenzer können sich auch diese Frage stellen. Die Antwort: Deinhard ist nicht mehr in Koblenz. Nach über 200 Jahren stellte das Unternehmen die Produktion in der Rhein-Mosel-Stadt ein.

Dennoch wurde im ältesten Bereich des Stammhauses das Deinhard-Museum eingerichtet. Hier werden heute noch unter fachkundiger Leitung Kellerführungen mit Sektproben angeboten, bei denen anhand von original erhaltenen Maschinen und Gerätschaften die frühere Wein- und Sektbereitung erläutert wird. In der Deinhard-Vinothek können Besucher fast alle Produkte des umfangreichen Wein- und Sektsortiments probieren. Jährlich findet hier am Tag der offenen Tür der Deutsche Sekttag statt, mit Entertainment und Schnupperführungen mit ausgiebiger Verkostung von Wein und Sekt im Kellermuseum.

1969 wurde anlässlich des 175. Firmenjubiläums zur Erinnerung an Ludwig van Beethoven die Deinhard-Stiftung ins Leben gerufen.

25

Koblenz-Touristik GmbH
Bahnhofplatz 7
56068 Koblenz
0261 303880
www.koblenz-touristik.de

KREUZ UND QUER DURCH SCHMALE GASSEN

Organisierte Stadtführungen

Die Koblenz-Touristik bietet zahlreiche organisierte Stadtführungen mit unterschiedlichen Themenschwerpunkten an. Wenn Sie sich allein orientieren wollen, buchen Sie am besten eine Rundtour mit dem Altstadt-Express. Der Traktor mit zwei offenen Anhängern fährt von 11 bis 17 Uhr zu jeder vollen Stunde (in der Hauptsaison alle 30 Minuten) von der Station an der Basilika St. Kastor ab.

In einem zweistündigen Spaziergang wandert ein Stadtführer mit Ihnen durch die engen Gassen der Altstadt. Für mich ist der Rundgang mit Manni Gniffke immer wieder ein Erlebnis, denn das Koblenzer Original überrascht jedes Mal mit neuen Anekdötchen. Seine Rede unterbricht er mit einem lauten »Guude« (die Kurzform des »Kowelenzers« für »Guten Tag«), wenn er Bekannte grüßt. Und der Gruppe liefert er im gleichen Atemzug einen lustigen Kommentar zu der Person. Ob der immer der Wahrheit entspricht, wage ich zu bezweifeln, aber er erntet stets schallendes Gelächter. Wenn ich mit dem Rad vorbeifahre, ruft er mir nach: »Hast Du Hejel schon wieder ein Fahrrad geklaut?«, und bemängelt, dass mal wieder kein »Butze« weit und breit zu sehen sei. Dann erzählt er von der Zeit, als das Polizeirevier noch auf dem Münzplatz war, und prompt fällt ihm wieder eine neue Story ein.

Wenn Sie auf den Spuren von Raubrittern und Räubern unserer Kriminalgeschichte wandeln möchten, sollten Sie *Koblenz kriminell* buchen. Bei dieser Führung könnte ich einiges aus der nahen Vergangenheit beitragen: vom Mord an einer Altstädter Wirtin bis zu mysteriosen, noch ungeklärten Tötungsdelikten – Anregungen für meinen nächsten Kriminalroman.

Der absolute Höhepunkt ist eine atemberaubende Fahrt zur Festung Ehrenbreitstein mit der größten Seilbahn Europas außerhalb der Alpen. Aus den Panoramakabinen haben Sie einen unvergesslichen Blick auf das Rheintal. Im Programm enthalten ist eine Führung durch die Festung mit immer wieder spektakulärer Aussicht.

Genießen Sie eine Fahrt mit der Seilbahn und den atemberaubenden Blick über die Stadt bis in die Eifel und den Hunsrück.

26

Seg Mobility
Am Kreisel 2
56321 Rhens
02628 987108
www.seg-mobility.de

DIE NASE IM WIND

Stadterkundung auf dem Segway

Schweben Sie über der Erde und bleiben Sie dennoch mit beiden Füßen auf dem Boden – oder besser auf einem Segway. Lassen Sie sich die Morgenluft um die Nase wehen. Rollen Sie gemütlich durch die engen Gassen der Koblenzer Altstadt oder wagen Sie eine Tour durch die Weinberge. »Erfahren« Sie im wahrsten Sinne des Wortes die Sehenswürdigkeiten der Stadt zwischen zwei Flüssen und die Landschaft. Sie werden begeistert sein.

Es ist schon ein gewöhnungsbedürftiger Anblick, wenn man sie aus der Entfernung das erste Mal sieht: eine kleine Gruppe großer Menschen mit Helmen auf den Köpfen, die schnell näher kommen, obwohl sie sich kaum bewegen. Aber keine Angst, die zunächst futuristisch anmutenden Figuren sind nur Touristen, die auf computerbalancierten Rollern stehen und geräuschlos durch die Stadt schweben.

Bei der Einweisung üben wir, wie man durch Gewichtsverlagerung das unübliche Fortbewegungsmittel steuert, bremst und beschleunigt. Für Ungeübte zunächst im Schildkrötenmodus mit maximal neun Kilometern pro Stunde. Aufsteigen. Gewichtsverlagerung nach vorn und schon rollt der fahrbare Untersatz los. Ein professioneller Guide führt uns in knapp zwei Stunden zu den Highlights von Koblenz. Neben der klassischen Stadtrundfahrt bietet Seg Mobility auch eine Riesling-Genuss-Tour durch das Mittelrheintal an: Schöne Aussichten locken, die Fahrer durchqueren Spay am Rhein, der Segway meistert auch den Anstieg hinauf in die Weinberge der Bopparder Hamm.

Diesen Fahrspaß und auf Wunsch individuelle Touren können Sie ausschließlich beim Segway-Partner in Rhens buchen. Besonders empfehlenswert ist die Genuss-Tour durch die Weinberge des Bopparder Hamm, das größte zusammenhängende Riesling-Anbaugebiet Deutschlands. Von hier oben haben Sie eine atemberaubende Aussicht in das Rheintal mit den umliegenden Burgen und Schlössern.

Informieren Sie sich vor Ihrem Besuch auf der Homepage der Veranstalter.

27

Hotrod-Tour
56068 Koblenz
0172 4521698
www.hotrod-tour.de

SPEKTAKULÄRES SIGHTSEEING

Stadterkundung per Hotrod-Tour

Noch nie haben mich in drei Stunden so viele Frauen im Alter von 18 bis 88 Jahren angelächelt, mir freundlich gewunken und neugierig nachgeschaut, haben Männer mich mit gestrecktem Daumen begrüßt und mit neidischen Blicken verfolgt. Aber nicht ich errege das Interesse, sondern die »Badewanne auf Rädern«, in der ich mit knatterndem Motor den Wenckstern *Mini HotRod* durch Koblenz steuere: eine »Seifenkiste« mit 13,6 PS und 88 Stundenkilometern Höchstgeschwindigkeit – ein Jungentraum wird wahr.

Blick zurück: In selbst gebauten Seifenkisten rasten wir die steile Straße hinunter. Wir hatten die Räder unserer Kinderwagen unter der stabilen Bodenplatte befestigt (Lenkung mit Seilzug, Seil an Gestänge mit Gummibelag als Handbremse) und träumten von einem Motor.

Heute: ein Jungentraum geht in Erfüllung, aber der Einstieg ist schwieriger geworden. Im Damensitz seitlich auf die Karosse, mit beiden Händen abstützen, eleganter Beinschwenk, auf den Sitz sinken, Beine nach vorne strecken, bis sie Brems- und Gaspedal berühren, Helm auf, Visier herunterklappen, Motor starten und los geht's. An die Lenkung »von zehn vor bis zehn nach« habe ich mich schnell gewöhnt und gleite nun zehn Zentimeter über dem Asphalt. Da wirkt selbst der Fiat 500 neben mir wie ein Lastwagen. Im Stadtverkehr muss ich mich konzentrieren, nicht nur auf andere Verkehrsteilnehmer, sondern auch auf Gullydeckel und kleinste Unebenheiten achten. Und dennoch: Ich erlebe ein einzigartiges Fahrgefühl. Enge Kurven umrundet der kleine Flitzer wie auf Schienen und der irre Sound im Rücken verführt dazu, mit dem Gaspedal zu spielen. Wie kann ein Fahrzeug ohne Recaro-Sitze, Klimaanlage, Servolenkung, Traktionskontrolle, CD-Player, Dach, Federung und eine Windschutzscheibe, die mit etwa zehn Zentimetern Höhe den Namen nicht verdient, so viel Fahrspaß vermitteln? Probieren Sie es aus!

Ralf Drubel hat bereits 2016 die meisten Fahrzeuge am Nürburgring stationiert. Er bietet aber auf Anfrage auch Touren rund um Koblenz an. Als Guide habe ich mich immer wieder auf die nächste »kriminelle« Tour zu meinen Tatorten und anderen Lieblingsplätzen gefreut.

28

DB Museum Koblenz
Schönbornluster Straße 3
56070 Koblenz-Lützel
0261 3961339
www.dbmuseum-koblenz.de

MIT VOLLDAMPF IN DIE VERGANGENHEIT

DB-Museum

Das Eisenbahnmuseum Koblenz im ehemaligen Güterwagenausbesserungswerk des Stadtteils Lützel wurde 2001 als erster Außenstandort des Verkehrsmuseums in Nürnberg eröffnet. Die ehrenamtlichen Mitarbeiter der Stiftung Bahn-Sozialwerk (BSW) haben sich die Erhaltung historischer Eisenbahnfahrzeuge zum Ziel gesetzt und wecken zur Freude zahlreicher Eisenbahnfreunde die Erinnerungen an vergangene Zeiten.

Auf dem ehemaligen Bahnbetriebswerk des Güterbahnhofs Lützel befand sich ursprünglich der große Ringlokschuppen mit Doppeldrehscheibe für Güterzuglokomotiven; in der Wagenhalle wurden noch bis 1995 Güterwagen instandgesetzt. Heute befindet sich auf dem Gelände das Koblenzer Eisenbahnmuseum mit mehr als 30 Lokomotiven aller Traktionsarten, Salonwagen eines historischen Reisezugs und Güterwagen. Das Angebot wird ergänzt durch Ausstellungen und interaktive Attraktionen rund um das Thema Eisenbahn.

»Die Schwerpunkte der Ausstellung sind die elektrische Zugförderung und das Thema ›Reisen mit der Bahn‹, das mit Bilddokumenten und Modellen in den Museumsräumen anschaulich erläutert wird. Im Museumskino kann man alte Filme anschauen, und im Shop werden einschlägige Literatur, Modellbahnartikel und Zubehör angeboten. Auf dem Freigelände befindet sich eine 5-Zoll-Eisenbahn mit Personenbeförderung sowie eine 110 Quadratmeter große LGB Gartenbahnanlage. Modelleisenbahnfreunde und Kinder werden sich an der Trix-Express-Anlage erfreuen und bei Veranstaltungen wird in einem Zugsimulator mit original E10-Führerstand der Kindheitstraum vieler Männer wahr. Aber eine besondere Attraktion war, als der *Adler* (siehe Foto) in Koblenz besichtigt werden konnte«, erklärt mir Hans-Joachim Geßler.

Der Adler war die erste Lokomotive, die kommerziell erfolgreich im Personenverkehr in Deutschland eingesetzt wurde. Der Zug fuhr erstmals am 7. Dezember 1835 zwischen Nürnberg und Fürth.

Parken Sie am Moselufer, gehen Sie zu Fuß über die Balduinbrücke nach Koblenz-Lützel und genießen Sie eine andere Perspektive auf das Deutsche Eck und die Festung.

29

Rheinisches Fastnachtsmuseum
Simmerner Straße
56075 Koblenz
0261 43291
www.fastnachtsmuseum-koblenz.de

EIN MUSEUM (NICHT) NUR FÜR JECKE

Rheinisches Fastnachtsmuseum

Im Kehlturm des Forts Konstantin ist das Rheinische Fastnachtsmuseum untergebracht. Der Turm gegenüber vom Hinterausgang des Hauptbahnhofs war Teil der preußischen Festungsanlage. Man muss zunächst bergauf in Richtung des Stadtteils Karthause gehen und dann dem Hinweisschild folgen. Ausreichende Parkmöglichkeiten finden Sie in der Bahnhofstiefgarage, hinter dem Bahnhof oder auf dem Parkdeck Obere Löhr.

»Kowelenz« ist zwischen Düsseldorf und Mainz eine der Hochburgen des Rheinischen Karnevals, auch Fastnacht, Fasching oder fünfte Jahreszeit genannt. Unser Schlachtruf lautet »Kowelenz olau«. Narrenrufe bestehen immer aus zwei Teilen: Der erste Teil (Name der Karnevalshochburg) wird vom Vorrufer angegeben. Der zweite Teil ist die Antwort und stellt meist den eigentlichen Narrenruf dar, der von der Narrenschar lautstark erwidert wird.

Im Rheinischen Fastnachtsmuseum sind Exponate (Orden von 1930 bis heute, Uniformen, Bilder, Rosenmontagswagenutensilien und dergleichen) ausgestellt, und die Besucher erfahren Wissenswertes über das rheinische Brauchtum. Die größte Ordensammlung übergab Helmut Kohl.

Aber nicht nur der Koblenzer Karneval wird im Rheinischen Fastnachtsmuseum ausgestellt. Als Kontrast und informative Ergänzung hierzu ist eine Sammlung der schwäbisch-alemannischen und Basler Fasnacht zu sehen sowie Exponate aus den benachbarten Karnevalshochburgen Mainz, Bonn, Köln, Düsseldorf und angrenzenden ländlichen Regionen. Karnevalisten von Basel bis Düsseldorf haben zahlreiche Ausstellungsstücke zur Verfügung gestellt, und nach umfangreichen Renovierungsarbeiten konnte das in seiner Art und Lage wohl einmalige Museum 2001 eröffnet werden.

In Koblenz sind unter dem *Dachverband Arbeitsgemeinschaft Koblenzer Karneval e. V.* (AKK) insgesamt 43 Karnevals- und Möhnengesellschaften aktiv. Jährlich verfolgen über 100.000 Besucher den Rosenmontagszug mit etwa 5.000 Aktiven.

Das Fastnachtsmuseum ist nur am Wochenende oder auf Anfrage geöffnet.

30

Feuerwerk von »Rhein in Flammen« über der Festung Ehrenbreitstein
(August)
56077 Koblenz
www.rhein-in-flammen.com

Koblenz-Touristik GmbH
Bahnhofplatz 7
56068 Koblenz
0261 303880
www.koblenz-touristik.de

WENN DER HIMMEL ÜBER KOBLENZ BRENNT

Feuerwerk *Rhein in Flammen*

Am zweiten Samstag im August lockt das Feuerspektakel über dem Rhein Hunderttausende Besucher, und Europas größter Schiffskonvoi fährt von Spay nach Koblenz. Ein grandioses Abschlussfeuerwerk von der Festung beendet die Veranstaltung. *Rhein in Flammen* ist das größte und älteste Feuerwerk Deutschlands. Bereits 1756 wurde in Koblenz zu Ehren des Kurfürsten Johann Philipp von Walderdorff ein Feuerwerk gezündet.

Die Rheinufer tauchen in rot leuchtende Bengalfeuer ein, und ein gigantisches Lichterspiel begleitet die festlich illuminierte Schiffsflotte entlang der 17 Kilometer langen Strecke. Es ist eine faszinierende Inszenierung, die sich in Ihre Erinnerung einbrennen wird. Die romantischen Rheinorte am Ufer, Höhenburgen und Schlösser erstrahlen in einem roten Lichtermeer, und zauberhafte Feuerbilder leuchten in fantastischen Farben auf. Zwischen Himmel und Erde entsteht eine magische Stimmung, die man nur schwer beschreiben kann. Mehrere Feuerwerke begleiten den Schiffskonvoi, bevor von der Festung Ehrenbreitstein das Großfeuerwerk gezündet wird und unzählige Himmelskörper das Deutsche Eck und die Stadt in ein zauberhaftes Licht tauchen.

Ich verspreche Ihnen ein romantisches und unvergessliches Erlebnis für die ganze Familie. Wenn Sie nicht mit einem Schiff oder mit der Bahn fahren, sichern Sie sich rechtzeitig einen Platz am Rheinufer, am besten in der Nähe des Deutschen Ecks. Auch an Land kommt keine Langeweile auf, denn Livebands, Walking Acts und attraktive Vorführungen garantieren Unterhaltung und gute Stimmung. Mit dem umfangreichen Rahmenprogramm am Koblenzer Rheinufer kann man sich auf das Finalfeuerwerk gegen 23 Uhr einstimmen.

Ich habe dieses Spektakel von verschiedenen Orten erlebt, und das Feuerwerk und die Stimmung faszinieren mich immer wieder. Diese »Magische Nacht« mit internationalem Ruf ist deshalb ein fester Termin in meinem Jahreskalender.

Reservieren Sie rechtzeitig Plätze auf einem der illuminierten Schiffe, bei der Bahn oder sichern Sie sich am Nachmittag eine schöne Aussicht auf dem Oberwerth oder in den Rheinanlagen.

81

Mittelrhein Musik Festival
Service-Hotline:
0172 4722628
www.mittelrheinfestival.de

Musikalische Rheinromantik

Mittelrhein Musik-Festival

Sommerzeit am Mittelrhein – das heißt auch: Zeit für unvergessliche Konzerte an einzigartigen, schönen Spielorten im UNESCO-Welterbetal; Zeit für musikalische Momente, die es lohnen, innezuhalten. Seit zwölf Jahren präsentiert das größte Musikfestival am Mittelrhein an vielen meiner Lieblingsplätze und anderen herrlichen Orten musikalische Highlights mit zahlreichen berühmten Künstlerinnen und Künstlern.

Große Sinfoniekonzerte mit dem Staatsorchester der Rheinischen Philharmonie auf der Festung Ehrenbreitstein, Mittsommernachtskonzerte mit Justus Frantz am *Günderodehaus*, musikalische Lesungen mit Iris Berben, Martina Gedeck, Christine Neubauer, Corinna Harfouch, Hanna Schygulla oder Kultveranstaltungen mit Götz Alsmann, Klaus Doldinger, Gitte Hænning oder Thomas Anders – die Liste der Künstler ließe sich beliebig fortsetzen. Aber auch die der ausgewählten Spielorte im Mittelrheintal: Basilika St. Kastor, Schloss Stolzenfels, Burg Namedy, Sterrenberg, Marksburg.

Seit Jahrhunderten ist insbesondere die klassische Musik im geistigen Leben des Rheintals fest verwurzelt. Jeder kennt das Loreleylied, die Vertonung des Heine'schen Gedichtes *Ich weiß nicht, was soll es bedeuten.* Beethovens Mutter wurde in Ehrenbreitstein geboren. Engelbert Humperdinck kaufte sich in Boppard ein »Schlösschen«, wo er seine Oper *Königskinder* vollendete. Johannes Brahms war zwischen 1874 und 1895 oft am Mittelrhein zu Gast, und Hoffmann von Fallersleben stimmte im Gasthaus Goldener Pfropfenzieher in Oberwesel im Jahre 1843 sein *Lied der Deutschen* an, ein musikalisch-revolutionärer Akt im damaligen preußischen Rheinland.

Um nur einige der verstorbenen Musiker, Komponisten und Sänger zu nennen, deren Werke unvergänglich sind und mit denen Sie die lebenden Künstler auch im nächsten Festivalsommer begeistern werden. Genießen Sie ein musikalisches Erlebnis an Ihrem Lieblingsplatz in einem berauschend schönen Zusammenspiel von Hören und Sehen.

Informieren Sie sich auf der Homepage im Veranstaltungskalender und buchen Sie rechtzeitig eine Veranstaltung an Ihrem Lieblingsort.

32

Literaturtage Koblenz
Koblenz-Touristik GmbH
Bahnhofplatz 7
56068 Koblenz
0261 303880
www.koblenz-touristik.de
www.koblenz-ganzohr.de

Buchhandlung Reuffel
Obere Löhr
56068 Koblenz
0261 303070
www.reuffel.de

EINE STADT GANZ OHR

Koblenzer Literaturtage

Jedes Jahr im März lesen in Koblenz national und international hochkarätige Autoren und Sprecher für Freunde anspruchsvoller Literatur. Die Lesungen an verschiedenen Veranstaltungsorten sind eingebettet in atmosphärische Livemusik, und für Liebhaber des goldenen Rebensaftes werden Weine aus der Region kredenzt. Seit 2008 haben in 50 Veranstaltungen 60 renommierte Künstler das Publikum begeistert.

Das Konzept der Koblenz-Touristik ist ebenso einfach wie genial: Autoren lesen an außergewöhnlichen Orten aus ihren Werken, dazu gibt es passende Musik und Wein von regionalen Winzern. Für jeden Künstler wird eine individuelle Atmosphäre geschaffen. So unterschiedlich wie die Autoren selbst, so unterschiedlich sind auch die Orte: Theater, Jugendstilvilla, Gewölbekeller, Konzerthaus und weitere Räumlichkeiten. Jedes Jahr lädt die Koblenz-Touristik gemeinsam mit der Buchhandlung Reuffel nationale und internationale Autoren sowie weitere renommierte Künstler ein, und die ansteigende Zahl der Zuhörer gibt den Organisatoren des Literaturfestivals Recht.

In der Verlagsbranche hat die Veranstaltung einen guten Ruf: Die Lesungen sind meist innerhalb kurzer Zeit ausverkauft. Wenn Sie einen Koblenz-Besuch im Veranstaltungszeitraum planen und bei dieser Gelegenheit eine der Lesungen besuchen möchten, empfiehlt Tom Steinebach von der Koblenz-Touristik eine rechtzeitige Bestellung über die im Internet angegebenen Vorverkaufsstellen. Da die meisten Karten mit Sitzplatzreservierungen angeboten werden, können Sie im Internet auch recherchieren, welche Plätze noch verfügbar sind.

Für Literaturbegeisterte mit eingeschränktem Hörvermögen stellt Hörakustik Becker kostenlos Empfänger bereit, mit denen die Lesung in individuell einstellbarer Lautstärke genossen werden kann.

Besonders stimmungsvoll wirkt eine Veranstaltung in historischen Gemäuern.

33

Internationales Gaukler- und Kleinkunstfestival

Koblenz-Touristik GmbH
Bahnhofplatz 7
56068 Koblenz
0261 303880
www.koblenz-touristik.de

KURIOSE GESTALTEN UND ARTISTEN

Internationales Gaukler- und Kleinkunstfestival

Einmal im Jahr mischen sich in der Altstadt oder auf der Festung Ehrenbreitstein seltsame Gestalten unter das Volk. Berti Hahn, der künstlerische Leiter des Gauklerfestivals, berichtete in einem Interview mit Tim Kosmetschke von der Rhein-Zeitung anlässlich der Jubiläumsveranstaltung 2011, dass ihn viele Koblenzer nach dem ersten Festival vor 20 Jahren mit den Worten »Su watt Scheenes hatte mir ja noch nie in der Altstadt gehabt« zum Weitermachen ermutigt haben.

Zwischen Ende Juli und Anfang August besuchen mehr als 40.000 Gäste unsere Stadt, um sich in den engen Gassen und auf den Plätzen von Gauklern, Comedians, Artisten, Jongleuren, Clowns und Walk-Act-Künstlern aus der ganzen Welt im wahrsten Sinn des Wortes »hautnah« verzaubern zu lassen. Das »magische Dreieck« zwischen den Flüssen ist an diesen drei Tagen fest in der Hand der Künstler. Die Altstadt wird zum Aktionsfeld für sensationelle Darbietungen, und mancher Zuschauer wird unweigerlich hineingezogen in den Strudel der surrealen Ereignisse. Ich bin immer wieder von den Fantasiefiguren in überdimensionaler Größe beeindruckt. Wenn sie sich auf hohen Stelzen in der Menschenmenge hin und her bewegen, als würden sie schweben, habe ich oft das Gefühl, sie würden jeden Moment umkippen und auf die Straße fallen. Bei einem Festival erschraken viele Zuschauer, als sich ihnen eine Gruppe von Dinosauriern (deren Hälse fünf Meter in die Luft ragten), untermalt von lauten, sphärischen Klängen, mit schnellen Schritten näherten. Manch einem Besucher lief beim »Angriff« dieser Figuren ein Schauer über den Rücken.

Am Samstagabend findet die große Gaukler-Gala statt. Am Sonntagabend stellen die Prämierten ihr Programm vor, und eine Jury verleiht anschließend die Koblenzer Gauklerpreise. Das Open-Air-Festival mit Gauklern, Artisten, Comedians in der Koblenzer Altstadt oder auf der Festung Ehrenbreitstein ist dank dem unermüdlichen Engagement von Berti Hahn (siehe auch Beitrag zum *Café Hahn*) seit 1992 eine der beliebtesten Veranstaltungen in Koblenz.

Ein unvergessliches Wochenende. Erleben Sie hautnah klassischen Klamauk, atemberaubende Artistik, köstliche Comedy und seltsame Gestalten in den engen Gassen der Altstadt.

84

Kulturfabrik
Mayer-Alberti-Straße 11
56070 Koblenz
0261 85280
www.kufa-koblenz.de
www.koblenzer-jugendtheater.de
www.zum-schaengel.de

Bühnenkunst für Jung und Alt

Kulturfabrik und Jugendtheater

Mit der Kulturfabrik (KUFA) verbinde ich zahlreiche Erinnerungen. Hier führte das Ensemble des Jugendtheaters mein Rock-Musical *Shit* auf. Wenn Willi und Ernst ihr Mundartstück *Zum Schängel* präsentieren, tobt der Saal vor Lachen. Mit unserer Band *BOP* veranstalten wir auf dieser Bühne seit rund 15 Jahren Benefizkonzerte für *Kowelenzer in Notsituationen,* und ich präsentiere dort mit Sabiene Jahn (Gesang) und Michael Bostelmann (Gitarre) mein Programm *Mörderisches Trio.*

In der urigen Atmosphäre des Fabrikgebäudes bietet die KUFA ein bunt gemischtes Programm. Die KUFA gehört seit über 25 Jahren zu den renommiertesten Kleinkunsttheatern in Deutschland und steht als Garant für künstlerische Qualität und Vielfalt. Die Verantwortlichen fühlen sich dem Inhalt verpflichtet und arbeiten mit sozial engagierten Einrichtungen zusammen. Neben Gastspielprogrammen aus den Bereichen Theater, Tanz, Kabarett, Kleinkunst, Musical und Chanson werden auch Programme mit Lokalkolorit angeboten. Ein Besuch im lebendigen, architektonischen Zeitzeugen aus einer vergangenen Industrieepoche, mit einem Theatersaal von 350 Plätzen und gemütlicher Gastronomie lohnt sich.

Mich begeistert immer wieder die Professionalität der jungen Akteure des Koblenzer Jugendtheaters, das 1991 als gemeinnütziger Mitgliederverein gegründet wurde und begabte Jugendliche in Schauspiel und Gesang fördert. Professionelle Theatermacher erarbeiten die Inszenierungen, und für jede Produktion wird ein Casting ausgeschrieben. Für einige Ehemalige war das Jugendtheater Sprungbrett auf die »Bretter, die die Welt bedeuten«, und sie sind heute im Fernsehen und auf großen Bühnen zu sehen. Das Jugendtheater war in Deutschland richtungweisend für ein Konzept, bei dem professionelle Theatermacher mit jugendlichen Laien zusammenarbeiten. Ein immer wieder begeistertes Publikum hat seit der Gründung des Jugendtheaters in 40 Produktionen über 500 begabte junge Menschen bejubelt.

Ein besonderer Ort der Begegnung zwischen ortsansässigen Schängel und Gästen in uriger Atmosphäre.

85

Naherholungsgebiet mit Wildpark und Waldhotel
Forsthaus Remstecken
56075 Koblenz
0261 55579
www.forsthaus-remstecken.de
www.waldoekostation.koblenz.de

EINE OASE DER RUHE HOCH ÜBER DER STADT

Naherholungsgebiet und Wildpark Remstecken

»Wann fahren wir wieder zum Remstecken?« Diese Frage habe ich fast so häufig gehört wie den Satz: »Wann sind wir denn endlich da?«, vom Rücksitz des Autos kurz nach dem Start in den Urlaub. Die erste Frage war leichter zu beantworten. Als die Kinder noch klein waren, wohnten wir im Höhenstadtteil Karthause, und von dort war es nur ein Katzensprung zu den Rehen, Hirschen, Wildschweinen, Enten und Vögeln.

Auch heute noch nehme ich an Wochentagen manchmal eine Auszeit im beliebtesten Naherholungsgebiet der Koblenzer. Auf dem Rundweg entstand schon manche Idee für ein neues Manuskript. Nach der Wanderung genieße ich auf der idyllischen Terrasse des Waldhotels (empfehlenswerte Küche) den herrlichen Ausblick in den Wald und auf das Wildgehege.

Familie Nowak hält in einem Streichelzoo Ziegen, Zierschweine und Hasen, betreibt einen Hofladen und bietet Ponyreiten für die Kleinen an. Sie führen das kleine Pferdchen auf dem gekennzeichneten Weg am Zügel und ihre Kinder erleben ein unvergessliches Reitvergnügen. Haben Sie Angst vor Hunden? Keine Sorge. Der große schwarze Hund liegt immer mitten im Weg und »macht nichts«! Der will noch nicht einmal spielen. Ehrlich.

Die Waldökostation in der historischen Fachwerkscheune, der wunderschön angelegte Bauerngarten, das Klassenzimmer im Freien mit Streuobstwiese und Lehrpfaden bieten aktives Naturerleben und Erholung zugleich.

Wenn sich die »alten Schweine« im Dreck suhlen und der größere Schwarzkittel kleinere vom Trog verdrängt, streuen Kinder das Futter an einer anderen Stelle aus. Und das Spielchen bereitet ihnen zusehends Freude. Die kleinen gestreiften Frischlinge haben schnell gelernt, wie man bei der gemeinsamen Mahlzeit hungrige Konkurrenten von der Zitze des Muttertieres wegdrückt.

Vor der Einkehr in das Waldhotel sollten Sie das Treiben auf dem malerisch gestalteten Ententeich und in den Vogelvolieren beobachten.

Tipp: Buslinie 621 zum Remstecken. Auf dem oberen, asphaltierten Wanderweg über die Carolahöhe nach Lay zur Mosel wandern und mit Bus oder Schiff zurück nach Koblenz.

36

KD-Anlegestelle
Konrad-Adenauer-Ufer
56068 Koblenz
0261 31030

Gilles Personenschifffahrt
Willy-Brandt-Ufer
56179 Vallendar
0261 63127

MIT DER GOETHE NACH RÜDESHEIM

Mit dem Schiff auf dem Rhein

Früher fuhr ich beruflich oft nach Rüdesheim, stand unter Zeitdruck, raste mit entsprechender Geschwindigkeit und konnte diese Autofahrten nie genießen. Irgendwann wurde mir bewusst: Du bist auf einem der schönsten Streckenabschnitte am Rhein unterwegs. Heute »cruise« ich – fahre also langsam – und genieße die faszinierende Kulturlandschaft. Noch mehr Entspannung erleben Sie jedoch bei einer Schiffsreise.

Das Obere Mittelrheintal wurde bereits 2002 als UNESCO-Welterbe aufgenommen und erstreckt sich von Koblenz bis Rüdesheim. Die Köln-Düsseldorfer Deutsche Rheinschiffahrt, kurz KD genannt, bietet mit vielen Fahrgastschiffen zahlreiche Touren auf Rhein und Mosel an. Ein Tagesausflug mit der *Goethe* von Koblenz nach Rüdesheim ist meine eindeutige Lieblingsflussreise. Wenn auf dem Sonnendeck des ruhig dahingleitenden Raddampfers die Landschaft vorbeizieht, entdecke ich immer wieder neue Rheinblicke. Ich bin davon überzeugt, dass sich die romantische Rhein-Tour in Ihre Erinnerungen einbrennen wird und Sie dieses Freizeitvergnügen unbedingt wiederholen und mit anderen erneut genießen möchten. Auf diesem Streckenabschnitt des Rheins stehen zahlreiche Burgen und weitere hochrangige Baudenkmäler – auch der weltberühmte Loreleyfelsen und Schloss Stolzenfels, der Inbegriff der Rheinromantik. In dieser Vielzahl werden Sie in keiner anderen europäischen Kulturlandschaft solche Architektur finden. Die Höhenburgen am Rhein sind unzertrennlich verbunden mit der romantischen Rheinlandschaft.

An den Schiffanlegestellen zwischen Deutschem Eck und Pegelhäuschen werden von anderen Gesellschaften auch kleine Burgen-Rundfahrten (ein bis zwei Stunden) angeboten. Sie können eine Wanderung oder eine Radtour von Koblenz in Richtung Süden planen und mit einem der Fahrgastschiffe, die an den meisten Orten anlegen, wieder zurückfahren. Informieren Sie sich aber vorher über die Fahrpläne.

Morgens mit dem Schiff nach Rüdesheim, Rückfahrt mit der Bahn und die Flussreise noch einmal vom Ufer aus einer anderen Perspektive Revue passieren lassen.

AUF UND UM EHRENBREITSTEIN

37

Festung Ehrenbreitstein
56077 Koblenz

5.000 JAHRE LEBENDIGE GESCHICHTE

Festung Ehrenbreitstein

118 Meter hoch über dem Rhein thront die vor der Bundesgartenschau für etwa 40 Millionen Euro renovierte Festung Ehrenbreitstein. Vom Plateau des Festungsplatzes hat man einen grandiosen Blick auf den Zusammenfluss von Rhein und Mosel, das Kaiser-Wilhelm-Denkmal, die Altstadt mit ihren historischen Bauwerken bis hinüber auf die Vulkankegel der Eifel und die Hunsrückhöhen.

Ehrenbreitstein ist ein Platz, an dem die Besucher das geschichtliche Wirken der Menschen unzähliger Generationen nachempfinden können. An diesem historischen Ort berühren sich zwei UNESCO-Welterbegebiete: der Obergermanisch-Raetische Limes und die Kulturlandschaft Oberes Mittelrheintal. Das gewaltige Bauwerk verbindet zahlreiche wehrhafte und repräsentative Bauten zu einer imposanten Gesamtanlage. Die Gebirgsnase, auf der sich die Anlage befindet, ist seit 5.000 Jahren besiedelt. Kelten, Germanen und Römer nutzten diesen geografisch und strategisch wichtigen Ort. Seit 3.000 Jahren ist der Ehrenbreitstein eine Befestigungsanlage, und über 700 Jahre lang war sie das Machtzentrum der Trierer Bischöfe und Kurfürsten. Zwischen 1817 und 1828 wurde Ehrenbreitstein von den Preußen als geografische Mitte einer von Wesel bis Rastatt reichenden Festungslinie errichtet. Ehrenbreitstein musste ihre Unbezwingbarkeit nie unter Beweis stellen. Alle kriegerischen Ereignisse spielten sich nur zu ihren Füßen ab. Selbst im während des Zweiten Weltkriegs zu über 80 Prozent zerstörten Koblenz wurde sie kaum getroffen. Daher fanden hier viele ausgebombte Koblenzer eine vorläufige Heimat. 1970 ging die Festung in den Besitz der damaligen Verwaltung der staatlichen Schlösser und Burgen in Rheinland-Pfalz über. In den Gebäuden sind heute das Landesmuseum (Rheinbastion), das Bundesarchiv (Landbastion) und eine Jugendherberge (am unteren Schlosshof) untergebracht, eine der schönsten Jugendherbergen Deutschlands.

Ein neuer Stationenweg zur Geschichte umfasst bis dato nicht zugängliche Burgteile, und eine multimediale Inszenierung der archäologischen Grabung in der Großen Traverse beeindruckt den Betrachter.

Die Öffnungszeiten variieren im Winter und in der Sommersaison. Nach der Schließzeit gilt freier Zutritt auf das Gelände.

38

Festung Ehrenbreitstein
Generaldirektion
Kulturelles Erbe
Rheinland-Pfalz
56077 Koblenz
0261 66750
www.diefestungehren-breitstein.de
www.tor-zum-welterbe.de/kulturzentrum-festung-ehrenbreitstein

Eine spannende Zeitreise

Führungen auf Festung Ehrenbreitstein

Bei der klassischen Führung wandern Sie auf einem Stationenweg durch die Festungsgeschichte von den Wehrbauten der Römer, Burgen der Ritter bis hin zur preußischen Festungsanlage. In einer beeindruckenden Präsentation wird an den Original-Schauplätzen die Geschichte zum Leben erweckt, und wenn der ewige Soldat aus seinem Leben berichtet, laufen dem Zuhörer eiskalte Schauer über den Rücken.

»Ich habe geschworen, dass nichts vergessen wird«, schreit der ewige Soldat an dem von der Natur auserwählten und vom Schicksal schwer gezeichneten Ort. Der älteste Bewohner des Ehrenbreitsteins schlüpft in die Rolle aller Soldaten vom Mittelalter über den Dreißigjährigen Krieg, die Zeiten der napoleonischen Besatzung, der preußischen Zeit bis in das 20. Jahrhundert. Die theatralische Führung greift nicht nur den historischen Hintergrund auf, sondern beschreibt auch das Schicksal der Menschen zwischen Unterdrückung und Leid, Liebe und Hoffnung.

Der *Fahrstuhl in die Geschichte* ist eine faszinierende Zeitreise mit einer beeindruckenden Multimedia-Inszenierung. Von den Ausstellungen, unter anderem *Geborgene Schätze*, *Archäologie an Mittelrhein und Mosel*, *Archäologische Zeitgärten*, *50er-Jahre Garten*, *Mein letzter Garten*, *Wein und Genuss* und der *Galerie zur Geschichte der Fotografie*, möchte ich Ihnen besonders *Peter Joseph Lenné – Eine Gartenreise im Rheinland* und die Besichtigung der Wohnung Suderland aus den 50er-Jahren empfehlen. Interessant ist auch der barrierefreie Rundweg entlang von Stationen der Festungsgeschichte mit interaktiven Rekonstruktionen. Bei der Führung *Lebendige Festung* demonstriert der Festungskanonier anschaulich den Gebrauch von alten Ausrüstungsgegenständen und Waffen; Geräuschempfindliche sollten sich die Ohren zuhalten, wenn die Salutkanone gezündet wird und lauter Kanonendonner erschallt.

Wichtiger Hinweis: Seit 2012 werden alle Führungen über die Koblenz-Touristik gebucht.

Genießen Sie nach einer Führung in der Weinstube die guten Tropfen aus Rheinland-Pfalz oder im Restaurant Ferrari den fantastischen Blick auf den Zusammenfluss von Rhein und Mosel.

39

Seilbahn Koblenz–
Festung Ehrenbreitstein
Skyglide Event
Rheinstraße 6
56068 Koblenz
0261 20 16 58 50
www.seilbahn-koblenz.de

DEM HIMMEL EIN STÜCKCHEN NÄHER

Aussichtsplattform und Seilbahn auf Festung Ehrenbreitstein

Wenn Sie Ehrenbreitstein »erobern«, sollten Sie einen Rundgang über das Plateau vor der Festung einplanen und von der imposanten Aussichtsplattform den Panoramablick genießen. Die Dreiecksspitze der weit sichtbaren, gigantischen Holzkonstruktion schwebt zehn Meter über der Geländekante. Von hier oben hat man einen atemberaubenden Blick in das Obere Mittelrheintal, auf die Stadt und die Höhenzüge von Eifel und Hunsrück.

Der Fachwerkbau aus heimischem Holz wurde eigens für die Bundesgartenschau entworfen und ist ein neuer Anziehungspunkt auf dem Festungsgelände. Der teilweise überdachte Holzbau ähnelt einem spitzwinkligen Dreieck und misst etwa 30 mal 30 Meter. Die Plattform steht auf Stahlpfeilern und schraubt sich im Uhrzeigersinn in die Höhe. Auf diese Weise überwindet die geniale Konstruktion die Höhenunterschiede des Geländes. Die Wandelgänge mit freiem Blick in alle Himmelsrichtungen verlaufen zunächst innerhalb des Bauwerks und erstrecken sich dann über das Dach. Der Aussichtspunkt ist auch für Rollstuhlfahrer problemlos erreichbar, denn die 180 Meter sind barrierefrei. Durch die breiten Wege und eine gute Absicherung der in luftiger Höhe schwebenden Aussichtsplattform können auch Menschen mit Höhenangst den Versuch unternehmen, sich diesen Blick nicht entgehen zu lassen.

Am schnellsten erreichen Sie die Festung, wenn Sie von der Talstation am Deutschen Eck aus in einer der 18 Panoramakabinen über den Rhein schweben. Die für die BUGA von der österreichischen Firma Doppelmayr errichtete Seilbahn ist die größte ihrer Art in Europa außerhalb der Alpen. 2013 entschied die UNESCO darüber, ob die Seilbahn wieder abgebaut werden muss – wegen des Welterbe-Status des Mittelrheintals. Es gab eine Überraschung am Tagungsort Phnom Penh: Die Seilbahn in Koblenz darf nun doch bis 2026 über den Rhein führen.

Vom Festungsplateau auf dem Rheinsteig nach Urbar wandern, in *Gretchens Garten* oder im *Mediterraneo* einkehren und über den Leinpfad zurück nach Koblenz spazieren.

40

Adventure Golf Koblenz
(April–Anfang November)
Greiffenklaustraße 3
56077 Koblenz-
Ehrenbreitstein
0171 2680826
www.adventuregolf-
koblenz.de

SPORT, SPIEL, SPASS FÜR JUNG UND ALT

Adventure-Golf und Spielplatz auf Festung Ehrenbreitstein

Obwohl direkt vor meiner Haustür einer der schönsten Golfplätze Deutschlands liegt, konnte ich mich bis heute für diese Sportart nie begeistern. Aber seit ein paar Jahren ist einer meiner Lieblingsplätze die Adventure-Golf-Anlage auf dem riesigen Plateau der Festung Ehrenbreitstein. Wir hatten im Freundeskreis bei der Mischung aus Mini- und klassischem Golf immer sehr viel Spaß. Sollten Sie mal probieren: »Just for fun«, ohne sportlichen Ehrgeiz. Vorkenntnisse sind nicht erforderlich. Diese Form des Golfens bietet Spielfreude für Familien oder mit Freunden und im Kollegenkreis. Sie werden sich köstlich amüsieren.

Direkt neben dem Abenteuerspielplatz können Jung und Alt auf einem 3.000 Quadratmeter großen Areal auf 18 Bahnen Brücken, Höhlen und einen Bachlauf »umspielen«. Die Kombination aus natürlichem Geländeverlauf und speziellem Kunstrasen vermittelt »echte Golfatmosphäre«, wobei das Betreten der Bahnen ausdrücklich erwünscht ist. Durch die direkte Nachbarschaft zum großen Abenteuerspielplatz bietet sich ein Besuch für die ganze Familie an. Eltern können sogar ein »Geburtstags-Special für Kids« buchen.

Besucher der Festung können auf der Sonnenterrasse der Snackbar entspannen. Mein Freund Detlev Pilger und ich waren beim ersten Besuch mehr als erstaunt, als Anke Holl unsere Biergläser »durch den Glasboden« auffüllte.

In Kombination mit einer Seilbahnfahrt und einem Besuch der Festung Ehrenbreistein kann die ganze Familie auf dem Abenteuerspielplatz und der Adventure-Golf-Anlage einen erlebnisreichen Urlaubstag verbringen. Die Anlage ist von April bis Anfang November geöffnet. Eine Schließung bei schlechtem Wetter wird von den Veranstaltern online kommuniziert.

Es gibt nur wenige Parkplätze direkt vor dem Gelände. Sie können aber mit der Seilbahn zur Festung fahren. Von der Bergstation dauert der Fußweg nur fünf Minuten zur Anlage neben dem Abenteuerspielplatz.

41

Im Mühlental

Mutter-Beethoven-Haus
Wambachstraße 204
56077 Koblenz-Ehrenbreitstein
0261 1292511
www.mittelrhein-museum.de/mutterbh.htm

Weingut Göhlen
Mühlental 33
56077 Koblenz
0261 77322
www.weingut-goehlen.de

Ludwig van Beethoven war nie im Tal

Mühlental und Mutter-Beethoven-Haus in Ehrenbreitenstein

Ludwig van Beethoven war zwar nur selten im Geburtshaus seiner Mutter Maria Magdalena Keverich in Ehrenbreitstein und kannte auch nicht das idyllische Mühlental. Dennoch wurde am 12. Mai 2001 im Rahmen der Ehrenbreitsteiner Kulturtage das Mutter-Beethoven-Haus mit Beständen des Mittelrhein-Museums, der Deinhard-Stiftung und der Stadtbibliothek eröffnet und erfreut sich seitdem großer Beliebtheit.

Das Geburtshaus der Mutter von Ludwig van Beethoven spiegelt die bürgerliche Architektur Mitte des 17. Jahrhunderts. Das Museum hat lediglich eine Grundfläche von neun mal neun Metern. Im Erdgeschoss wird die Geschichte Ehrenbreitsteins als kurfürstliche Residenzstadt präsentiert, und im Obergeschoss erfahren Besucher mehr über Beethovens Jugendzeit und seinen Wirkungs- und Lebenskreis, insbesondere über seine Beziehung zu Franz Gerhard Wegeler, dessen Nachfolger später in Koblenz die bekannte Wein- und Sekthandlung Deinhard gründeten. Die Ausstellung informiert auch über das historische Umfeld der Epoche Beethovens mit weiteren berühmten Persönlichkeiten (Schriftstellerin Sophie von La Roche, Dichter Clemens Brentano, Opernsängerin Henriette Sonntag) aus jener Zeit.

Setzen Sie mit der Personenfähre *Schängel* über, besuchen Sie das Rhein-Museum und wandern Sie durch das Mühlental, das selbst einigen Koblenzern unbekannt ist. Eine schmale Straße führt durch das idyllische Tal, auch Tal der Gifte genannt, weil früher in der Grube Mühlenbach Blei- und Zinkerzbergbau betrieben wurde. Da die Strecke auch von Autos befahren wird, rate ich von einer Wanderung mit Kindern ab. Aber Erwachsenen empfehle ich die Einkehr bei einem der beiden letzten Winzer oder einen Besuch in der *Korns Mühle* am Ende des Mühlentals. Wer gut zu Fuß ist, kann vom Mühlental zur Weidelandschaft Schmidtenhöhe wandern und von Horchheim mit dem Bus zurück in die Stadt fahren.

Tipp: Familiäre Atmosphäre und gutbürgerliche Küche in *Korns Mühle* bei Luigi Armagno am Ende des Mühlentals (www.landgasthofkornsmuehle.de). Genießen Sie bei einer Weinprobe im *Weingut Göhlen* mittelrheinische Spitzenweine (www.weingut-goehlen.de).

42

Schmidtenhöhe
Ehemaliger Standortübungsplatz
Schmidtenhöhe
Anfahrt Alte Heerstraße
56076 Koblenz

NABU Koblenz
0261 63333 oder
0172 6555522
NABU Rheinland-Pfalz
Frauenlobstraße 15–19
55118 Mainz
06131 140390
www.nabu-rlp.de

TAURUSRINDER UND KONIKPFERDE

Weidelandschaft Schmidtenhöhe

Seit Jahren radele ich mir einmal pro Woche auf der Schmidtenhöhe »den Kopf frei«. Auf dem ehemaligen Truppenübungsplatz rechts und links der Panzerstraße weiden Wildpferde und Rinder auf einem eingezäunten Areal (ungefähr so groß wie 174 Fußballfelder). Immer wieder genieße ich eine Wanderung oder eine Radtour durch dieses unbeschreiblich schöne Naturschutzgebiet mit weitem Blick über Koblenz hinweg bis zu den Vulkankegeln der Eifel.

Man kann es sich kaum noch vorstellen, dass dieses Hochplateau bis vor einigen Jahren von Panzern, schweren Lastkraftwagen und anderem technischen Gerät im wahrsten Sinne des Wortes verwüstet wurde. Heute ist das ehemalige Übungsgelände der Bundeswehr ein wunderschönes Naherholungsgebiet. Die wüstenähnlichen Flächen sind nun von Brombeerbüschen und Hecken überwuchert und haben sich zu bunten Blumenwiesen und einem Rückzugsraum für viele Lebewesen entwickelt. Ein Teil des riesigen Terrains ist von einem zehn Kilometer langen Elektrozaun umgeben, hinter dem Taurusrinder und Konikpferde ganzjährig im Freien leben. In dieser – in unserer Region einmaligen – Landschaft können Erholungssuchende für kurze Zeit dem Alltag entfliehen.

Bei einer Wanderung oder Radtour zieht dieses Naturschutzgebiet jeden in seinen Bann. In der Tat haben erst Panzer und andere schwere Fahrzeuge dieses kleine Paradies ermöglicht, denn durch die von ihnen verursachten Schlamm- und Wasserlöcher entwickelte sich nach Einstellung der militärischen Übungen ein Lebensraum für seltene Pflanzen und Tiere. Die hier frei lebenden Konikpferde sind eine Rückzüchtung des Wildpferds Tapan, die Taurusrinder eine Rückzüchtung der im 17. Jahrhundert ausgerotteten Auerochsen. Beide Arten eignen sich hervorragend für die ganzjährige Haltung im Freien. Der NABU Koblenz bietet Exkursionen durch die Weidelandschaft an. Der Ausflug abseits der Wege dauert etwa drei Stunden.

Anfahrt über Alte Heerstraße, Horchheimer Höhe. Danach den Hinweisschildern »BW-Schießanlage, NABU Weidelandschaft« folgen. Offizielle Ortsbezeichnung »Dicke Eiche«.

AM RHEIN ENTLANG

48

Klostergut Besselich
56182 Urbar
0261 9629435
www.art-event-
locations.com

KINDHEITSERINNERUNGEN

Hofgut Besselich

Das Klostergut liegt auf einem Bergsporn hoch über dem Rhein. Bereits Kaiserin Augusta beschrieb die Aussicht als eine der schönsten in Europa. Besselich blickt auf eine ereignisreiche Geschichte zurück. 1945 erlangte das Hofgut seine größte Bedeutung: Hilda von Stedman gründete den *Suchdienst des Deutschen Roten Kreuzes*, bot vielen Menschen ein Dach über dem Kopf und führte zahlreiche Familien zusammen.

Zeitzeuge Klaus Sulzbacher kann sich noch gut erinnern: »Nachdem wir ausgebombt und mein Vater aus Russland heimgekehrt war, zogen wir nach Besselich. Damals lebte Hilda von Stedman mit einer Freundin, der Haushälterin und ihrem Neffen Ralph im Vorderhaus. In einem der Seitengebäude wohnte der Gutsverwalter Hannes Bartels mit seiner Familie und neben uns der frühere Intendant des Koblenzer Stadttheaters Kemmel. Eine seiner beiden Töchter wurde auf Besselich gegen Kriegsende von einer Granate getötet. Trotz dieser schlimmen Erfahrung waren Besselich und das total verwilderte Umland ein einziger Abenteuerspielplatz. Im alten Weinberg fanden wir Munition, Gasmasken, verbeulte Stahlhelme und Phosphorbomben, die wir im Mallendarer Bach abbrannten. Am nördlichen Ende der Lindenallee stand eine Flakabwehrkanone. Da die Rundlaufmechanik noch intakt war, benutzten wir die Kanone als Kinderkarussell. Die Hälfte der Schwimmweste eines abgeschossenen englischen Piloten diente mir als Schwimmhilfe für die Überquerung des Rheins zur Insel Niederwerth. So erinnere ich mich an arme, aber auch glückliche Kinderjahre. ›Et Stettmanns Hilda‹ ist am 11. April 1984 gestorben. Sie wurde fast 100 Jahre alt. Nach ihrem Tod verfiel der Gebäudekomplex zusehends, bis er von der Familie Rombelsheim liebevoll restauriert wurde.«

Genießen Sie den herrlichen Blick von der Baumallee auf die Insel Niederwerth und das Weltkulturerbe Mittelrheintal. Das Klostergut Besselich bietet neben seiner exponierten Lage einen stilvollen und außergewöhnlichen Rahmen für besondere Feierlichkeiten.

Fahren Sie vom Klostergut den Berg hinunter nach Vallendar, parken das Auto vor der Brücke zur Insel und wandern einmal rund um das Niederwerth.

44

Gretchens Garten
Am Rheinufer 2
56182 Urbar
0261 668803
www.gretchensgarten.de

Restaurant Mediterraneo Rheinufer
56179 Vallendar
0261 63180
www.mediterraneo-rheinufer.de

SUNDOWNER-STIMMUNG WIE AM MEER

Restaurants mit Terrassen am Rheinufer

In *Gretchens Garten* und im *Restaurant Mediterraneo* können Sie – mit ein wenig Fantasie – den Sonnenuntergang wie am Meer erleben: ein herrlicher Rundblick vom Deutschen Eck bis zur Insel Niederwerth. Während Sie in *Gretchens Garten* ab mittags noch die Ruhe genießen können, empfiehlt sich im *Mediterraneo* um die Mittagszeit eine vorherige Reservierung.

Im Sommer breche ich oft erst am späten Nachmittag zu einer Radtour auf und radele auf meiner Lieblingsstrecke bis zu *Gretchens Garten*. In Gedanken vertieft, beobachte ich die Strahlen der untergehenden Sonne, die sich auf der Wasseroberfläche von Lahn und Rhein spiegeln, und manchmal habe ich das Gefühl, sie verfolgen mich wie große Scheinwerfer. Ob das eine Berufskrankheit ist? Auch heute Abend bin ich wieder unterwegs. In *Gretchens Garten* habe ich Glück, denn ein junges Pärchen erhebt sich bei meiner Ankunft von meinem Lieblingsplatz. Der kleine Tisch in der linken Ecke. Von hier aus kann ich auf die Insel Niederwerth und in die andere Richtung auf das Deutsche Eck schauen. Die letzen Sonnenstrahlen breiten sich wie Fächer aus und beim Blick in die Ferne werden die schmalen Wolken zu glühenden Fäden. Bunte Heißluftballons schweben am Himmel von der Eifel in Richtung Rhein. Ich genieße die wärmenden Strahlen der Sonne, bis der Himmelskörper sich vom Tag verabschiedet und hinter den Bergrücken der Eifel flammendrot am Horizont versinkt. Diese Stimmung habe ich oft genossen, wenn ich an warmen Sommerabenden an diesem Lieblingsplatz meine Manuskripte geschrieben habe.

Wenn Sie mit dem Auto zu *Gretchens Garten* fahren (müssen!), biegen Sie aus Richtung Koblenz in Urbar die zweite (!) Abzweigung rechts ab und fahren links über die schmale, einspurige Eisenbahnbrücke. Im *Meditteraneo* bedienen Inhaber Mourad Akremi und Kellner Lorenzo (immer einen flotten Spruch auf den Lippen) ihre Gäste stets freundlich, und mit Blick auf den Rhein und die gegenüberliegende Insel Niederwerth können Sie echtes »Urlaubsfeeling« genießen.

Wanderung von Koblenz rund um die Insel Niederwerth. An- und Rückreise mit dem Oldtimer-Fahrgastschiff *Cäcilia* der Firma Gilles.

45

Ortsgemeinde Niederwerth
56179 Niederwerth
0261 60366
www.niederwerth.de

Zur Rheinschanz
Rheinstraße 30
0261 60442
56179 Insel Niederwerth

EINE KLEINES EILAND ALS DOMIZIL

Dorfgemeinde auf der Rheininsel

»Tom und Lena sitzen auf dem Deck der Albatros. Irgendwann finden ihre Hände zueinander. Sie würden sich später nicht erinnern, wer zuerst die Hand des anderen berührt hat. Das goldene Abendrot strahlt schemenhaft über die Landschaft, versinkt zwischen den Wolkenstreifen, die Nacht breitet ihr dunkles Gewand aus und die Insel Niederwerth versinkt in der Dämmerung.« (Jörg Schmitt-Kilian: Spurenleger, Imprimatur-Verlag 2017).

Niederwerth ist Deutschlands einzige Flussinsel mit einer Dorfgemeinde und liegt idyllisch mitten im Rhein zwischen Koblenz und Vallendar. Aus Gräberfunden weiß man, dass die Insel schon im 8. Jahrhundert bewohnt war. Ein Jagdhaus, ein Hasenkammerhof und die Ländereien gehörten dem Kurfürsten von Trier. Bereits vor dem 13. Jahrhundert befand sich auf der Insel ein Beginenkonvent, eine unabhängige religiöse Frauengemeinschaft. Im Jahre 1338 war der englische König Eduard III. hier zu Gast. Im 15. Jahrhundert kamen die Augustiner Chorherren nach Niederwerth. Besonders sehenswert ist die spätgotische Kirche. Die Klosterkirche ist heute eine der besterhaltenen und bedeutendsten Sakralbauten am Mittelrhein.

Auf der Insel werden zahlreiche Obst- und Gemüsesorten und der in der gesamten Region begehrte Niederwerther Spargel angebaut. »Das Werth« ist über eine Brücke erreichbar, aber Besucher sollten ihr Auto auf dem Parkplatz am Rheinufer in Vallendar abstellen. Gehen Sie zu Fuß über die Brücke und beim Blick in den Rheinarm werden Urlaubsbilder auftauchen und Sie in eine entspannende Stimmung versetzen. Ich spaziere oft über die Insel (etwa zwei Stunden Rundweg von Vallendar aus) und genieße die Atmosphäre und die Ruhe. Wenn Sie bis zur südlichen Spitze der Insel wandern möchten, benötigen Sie etwas länger. Von hier haben Sie einen tollen Ausblick auf den Zusammenfluss von Rhein und Mosel und das Klostergut Besselich. Die benachbarte Insel Graswerth ist ein Naturschutzgebiet und kann nur mit Kähnen erreicht werden.

Kaufen Sie frisches Obst und Gemüse bei einem Bauern. Spazieren Sie rund um die Insel (circa 1,5 Stunden) und kehren Sie in das Gasthaus *Zur Rheinschanz* ein (insbesondere zur Spargelzeit!).

Schloss Sayn

46

Im Schmetterlingsgarten
mit Fürstin zu
Sayn-Wittgenstein auf
Schloss Sayn
Schloßstraße 100
56170 Bendorf-Sayn
02622 90240
www.sayn.de
www.saynerzeit.de

ERWACHT AUS DEM DORNRÖSCHENSCHLAF

Schloss und Burg Sayn

Wenn wir als Kinder vom Pfadfinderlager Brexbachtal nach Bendorf-Sayn wanderten, wirkte die riesige graue Fassade besonders in der Dunkelheit fast bedrohlich. Wir ahnten damals nicht, was aus der Ruine einmal werden könnte. Es ist bewundernswert, wie das Fürstenpaar zu Sayn-Wittgenstein-Sayn mit großem persönlichen Einsatz das Schloss wieder zum Leben erweckt und dem Gebäude und damit der Region neuen Glanz verliehen hat.

Ich wandere mit Fürstin Gabriela zwischen den Bachläufen von Sayn und Brex durch den idyllischen Schlosspark. Die gusseisernen Kreuzwegstationen, eine Kunstgrotte, die Marienkapelle und der Schlossweiher mit seiner Fontäne inmitten der Baumriesen verleihen dem Park einen ganz besonderen Reiz. Die sympathische Fürstin erzählt mir die Geschichte von Sayn: »1848 kam Fürst Ludwig zu Sayn-Wittgenstein-Sayn mit seiner russischen Gemahlin aus St. Petersburg in unsere Heimat zurück, kaufte das Anwesen und ließ das barocke Herrenhaus zum Schloss umbauen. Kurz vor Ende des Zweiten Weltkrieges wurde Schloss Sayn erheblich beschädigt. Erst als es zum Baudenkmal von nationaler Bedeutung erklärt wurde, konnten mein Mann und ich mit Unterstützung von Land, Stadt und Landkreis das verfallene Gebäude wiederaufbauen. Im Jahr 2000 präsentierten wir das renovierte Schloss mit Veranstaltungsräumen, Restaurant und Eisenkunstguss-Museum.« Mit einem Lächeln fragt mich die Fürstin: »Aber was ist ein Schloss ohne direkten Zugang zu seinem Park?«, und erzählt, dass wieder eine Freitreppe gebaut werden soll, die das Schloss direkt mit dem Park verbindet, denn noch muss man die Straße überqueren.

Oberhalb vom Schloss erhebt sich auf den nach drei Seiten steil abfallenden Ausläufern des Westerwaldes die 800 Jahre alte Stammburg mit einem herrlichen Rundblick über die Rheinebene bis hinüber zu den Vulkankegeln der Eifel. Burg Sayn ist über einen kurzen Fußweg vom Garten der Schmetterlinge in zehn Minuten erreichbar.

Nehmen Sie sich Zeit für den Kulturpark Sayn! Besuchen Sie die einzigartige Gießhalle, die Abtei mit Kreuzgang und Brunnenhaus, den Kletterwald und die Heins Mühle.

47

Garten der Schmetterlinge
im fürstlichen Schloßpark
56170 Bendorf-Sayn
02622 90240
www.schmetterlinge.net

Wer tanzt mir auf der Nase rum?

Garten der Schmetterlinge

Pfingsten 1966. Pfadfinderlager im Brexbachtal. Nachtwanderung nach Bendorf-Sayn: Sie war gerade 14. Wir hatten Angst vor den grünen Männchen, die nach Einbruch der Dunkelheit Kinder aus ihren Zelten entführen. Marie ging neben mir und irgendwann fanden unsere Hände zusammen. Ich war verliebt bis über beide Ohren und hatte Schmetterlinge im Bauch … und gestern saß ein Schmetterling auf meiner Nase.

Fürstin Gabriela lacht und fotografiert den Schmetterling, der meine Nase als Landeplatz nutzt. Mit jedem Satz spüre ich die Leidenschaft der Fürstin für ihr Projekt. »Jede Woche bekommen wir etwa 300 Puppen und verschiedene Pflanzen aus den Ursprungsländern. Die Bewohner sichern ihren Lebensunterhalt mit dem Züchten von Faltern und deren Futterpflanzen, dabei erhalten sie den Urwald. Das ist unser kleiner Beitrag zur Entwicklungshilfe. Die meisten tropischen Schmetterlinge leben etwa drei Wochen, heimische Falter werden älter. Der Zitronenfalter sogar fast ein Jahr. Er entwickelt eine Winterstarre und reduziert seinen Puls auf einen Schlag pro Minute. Manche Menschen sagen: ›Das wäre toll, wenn wir das auch könnten.‹ Wir regen unsere Besucher an, etwas für unsere heimische Schmetterlingswelt zu tun: im Garten, auf der Terrasse, auf dem Balkon. Das kann man nur, wenn man die Welt der Schmetterlinge kennt.«

Ich beobachte fasziniert die unterschiedlichen Flugbewegungen: Einige Schmetterlinge segeln, andere bewegen sich elegant wie Balletttänzer und wieder andere flattern hektisch hin und her. Dann fällt mir ein besonders farbenprächtiger Schmetterling auf. »Die, die am schönsten aussehen, mit den grellgelben oder knallroten Streifen, sind meistens giftig. Ein Vogel bekommt beim Verzehr Bauchschmerzen. Das haben sich andere Arten zunutze gemacht. Sie tun, als seien sie giftig, um sich zu schützen. Das nennt sich Mimikry. So eine Art Selbstschutz wie bei manchen Menschen. Aber das funktioniert nicht immer«, erklärte mir die Fürstin mit einem Lächeln.

Zwischen tropischen Pflanzen und plätschernden Wasserfällen leben hier auch Zwergwachteln, Schildkröten, tropische Vögel und der geheimnisvolle Grüne Leguan.

48

Neues Museum Schloss Sayn
Schloss-Straße 100
56170 Bendorf-Sayn
02622 902424
www.sayn.de

MIT PROMINENTEN IN EINEM RAUM

»Mamarazza«-Fotos im Schloss Sayn

Ich treffe mich mit Fürstin Gabriela Sayn-Wittgenstein, die ich bereits bei meinem letzten Besuch im Schmetterlingsgarten als sozial sehr engagierte Frau kennengelernt habe. Heute erzählt sie mir beim Rundgang durch das Museum, wie sie innerhalb von drei Monaten mit ihrem Gatten Fürst Alexander in mühevoller Kleinarbeit diese Räumlichkeiten eingerichtet hat. Besucher erhalten hier einen Einblick in das private Leben und das soziale Engagement der Adelsfamilie über mehrere Generationen hinweg, vom Glanz vergangener Tage, von der Nachkriegszeit bis hin zum Aufbau des zerstörten Schlosses, garniert mit vielen Fotos und sehr persönlichen Erinnerungsstücken (etwa Tagebucheinträge, Originalzitate, private Briefe).

In mehreren Räumen hängt eine Auswahl aus circa 300.000 Fotos der Fürstenmutter Marianne, die am 9.12.2019 – rüstig und wohlbehalten – in Salzburg im Kreis der Familie ihren 100. Geburtstag feierte. Die Fotografien der legendären »Mamarazza« (wie Prinzessin Caroline von Monaco sie liebevoll »getauft« hat) zeigen prominente Persönlichkeiten (unter anderem Giovanni Agnelli, Leonard Bernstein, Maria Callas, Prinz Charles, Sean Connery, Salvador Dalí, Curd Jürgens, Luciano Pavarotti, Romy Schneider, Yves Saint Laurent, Andy Warhol und einen ihrer engsten Freunde, Gunter Sachs) sowie Bilder von unvergessenen Rennsportveranstaltungen. Die Menschen werden zwar in sehr persönlichen Situationen dargestellt, aber die »Mamarazza« hat stets als Freundin (fürs Familienalbum!) fotografiert und trotz der oft intimen Atmosphäre ist kein einziges der Bilder indiskret. Das Fürstenpaar hat der »Mamarazza« dieses Museum zum 100. Geburtstag gewidmet und der handwerklich geschickte Fürst Alexander erklärt mir zum Abschied, dass er jedes Bild seiner Mutter exakt positioniert und auch selbst aufgehängt hat.

Buchen Sie eine der exklusiven Führungen außerhalb der Öffnungszeiten und erleben Sie ungestört die beeindruckende Geschichte der Fürstenfamilie Sayn-Wittgenstein.

49

Hotel Heinz
Bergstraße 77
56203 Höhr-Grenzhausen
02624 94300
www.hotel-heinz.de

Hotel Hüttenmühle
Hüttenmühle 1
56204 Hillscheid
02620 9547560
www.huettenmuehle-hillscheid.de

IM KANNENBÄCKERLAND DER EULER

Keramikstadt, Hotel Heinz und Hüttenmühle

»Kannenbäcker« sind keine Bäcker und »Euler« keine Eulen. In der Region mit den größten Tongruben in Europa werden Tontöpfe (»Kannen«) in Brennöfen (»Euler«) gebrannt – oder gebacken. Das graublaue Steinzeug ist weltweit berühmt, und Sie haben ein solches Produkt vermutlich schon einmal in der Hand gehabt: bayerische Bierseidel, Frankfurter Bembel, westfälische Schnapsflaschen, zumindest den Einmachtopf der Mutter.

Höhr-Grenzhausen ist das Zentrum des Kannenbäckerlandes: Die Stadt der Keramik liegt inmitten von lauschigen Wäldern, saftigen Wiesen und sanften Tälern am Rande eines der größten zusammenhängenden Waldgebiete in Deutschland.

Wenn Sie den Besuch mit einem Wellness-Aufenthalt verbinden möchten, empfehle ich Ihnen das *Familienhotel Heinz.* Der sonnige Südhang bietet Ihnen eine herrliche Aussicht über die Wiesen bis zu den Auen und den Teichen im idyllischen Brexbachtal.

Von Höhr-Grenzhausen aus bieten sich zahlreiche Wanderungen an: zur Waldhütte auf dem Köppel, zum Naturbadesee Linderhol, Stadtteil Grenzau, Brexbachtal, über den Meisenhof nach Bendorf. Ein schöner Wanderweg führt zum Wüstenhof oder zum Wendelinushof in Weitersburg. Von den urigen Biergärten auf der Höhe haben Sie einen grandiosen Blick auf das Rheintal.

Eine besonders empfehlenswerte Oase der Ruhe finden Sie im Tal auf der *Hüttenmühle* (Restaurant, Hotel und Kongresszentrum in Alleinlage zwischen Neuhäusel und Hillscheid). Dort treffe ich mich oft mit Freunden, und wir lassen bei einem Krug Andechser und leckerem Essen die Seele baumeln. Das Anwesen wird von Malika Jakobs und Andreas Eller mit viel Leidenschaft betrieben. Malika Jakobs bietet regelmäßig Wandertouren an, und Gäste können in dem beeindruckenden Ambiente auch »in der Einsamkeit« eine Krimi-Lesung buchen.

Schauen Sie in den zahlreichen Töpfereien den Künstlern bei der Arbeit zu. Höhr-Grenzhausen erreichen Sie in nur 20 Minuten über die Autobahn von Koblenz aus. Die rechtsrheinischen Lieblingsplätze in diesem Kapitel liegen also direkt vor der Haustür.

Hotel Hüttenmühle in Hillscheid
Alleinlage zwischen Hillscheid
und Neuhäusel

50

Zoo Neuwied
Waldstraße 160
56566 Neuwied (Heimbach-Weis)
02622 90460
www.zooneuwied.de

SERENGETI JENSEITS VON AFRIKA

Zoo Neuwied

Der Zoo Neuwied war schon immer eines unserer beliebtesten Ausflugsziele. Die weiträumige Anlage ist idyllisch in das Waldgebiet am Hang des Naturparks Rhein-Westerwald eingebettet, und man hat einen fantastischen Blick über das Rheintal bis zu den Eifelhöhen. Das Zoo-Restaurant bietet gute italienische Küche, klassische deutsche Gerichte und leckeren Kuchen. Von der Terrasse kann man gemütlich das Treiben im Zoo beobachten. Vom afrikanischen Marabu bis zur Zwergziege im Streichelzoo leben hier über 2.000 Tiere und mehr als 180 Arten. In einem Tunnel kann man Seehunde unter Wasser beobachten. Im Zoo befindet sich eine Auffangstation für Wildtiere und ein großes Menschenaffenhaus. Auf der Afrikasavanne leben Watussi-Rinder, Zebras und Blessböcke. Besonders stolz sind die Mitarbeiter auf ihre Gepardenzucht. Die schnellsten Landtiere der Welt erreichen eine Spitzengeschwindigkeit von bis zu 120 Kilometern je Stunde.

»Wir haben eines der größten Gepardengehege Europas und Deutschlands ersten Beutesimulator. Hier können die schnellen Raubkatzen ihre Beute wie in der freien Natur – allerdings in der Form von Futterstücken – jagen. 1989 hatten wir den größten Zuchterfolg in Deutschland: Am gleichen Tag wurden zehn Gepardenwelpen geboren. 2011 haben wieder fünf Welpen das Licht der Tierwelt erblickt. Im Zoo lebt die größte zusammenhängende Herde Grauer Riesenkängurus außerhalb Australiens, und wir züchten die in freier Wildbahn längst ausgestorbenen Berberlöwen. Weltweit gibt es nur noch etwa 90 Tiere dieser Gattung. Das 2011 eröffnete Exotarium ist ein Besuchermagnet. Hier sind etwa 50 verschiedene Tierarten untergebracht, meist Reptilien, aber auch Frösche, Vögel und Säugetiere, die in 38 geräumigen Terrarien leben. Da im Exotarium ganzjährig Temperaturen von über 20 °C herrschen, fühlen sich nicht nur Tiere aus den warmen Regionen der Erde wohl, sondern auch durchgefrorene Zoobesucher halten sich gerne dort auf«, berichtet mir die Zoopädagogin Alexandra Corda.

Ich könnte stundenlang die Erdmännchen beobachten, besonders wenn sie wie Menschen auf zwei Beinen (daher der Name) stehen und neugierig ihre Umgebung beobachten.

51

Stadterkundung Andernach
Stadtverwaltung
Läufstraße 11
56626 Andernach
02632 9879480
Www.andernach.de

Buchhandlung Anker
Obere Wallstraße 10
56626 Andernach
02632 308952
www.anker-buch-buchhandlung.de

JEDER STEIN IST ANDENKEN

Literarische Stadterkundung

Charles Bukowski gilt als einer der meistgelesenen Autoren der Welt. Der »dirty old man« der Literatur wurde 1920 als Sohn eines amerikanischen Besatzungssoldaten in Andernach geboren. Lange Jahre waren die Andernacher nicht unbedingt stolz auf dieses literarische Erbe, doch inzwischen hält die Bukowski-Gesellschaft das Andenken an den Underground-Poeten aufrecht. Die Autorin Gabriele Keiser lebt gerne hier und erzählt von geliebten und ungeliebten Söhnen der Stadt:

»Schon von Weitem ist die etwa vier Meter hohe Steinfigur des Siegfried vor dem Bollwerk sichtbar. Der Nibelungenheld, dessen Fuß auf einem Drachenkopf steht, hält ein Schwert in der Hand. Darunter sind die Worte ›Seid einig‹ eingraviert. Das Bollwerk erinnert an den im Mittelalter zu entrichtenden Rheinzoll und ist gleichzeitig Gedenkstätte für die Gefallenen der beiden Weltkriege. Auf dem Boden wurde ein flaches Figurenrelief aus Basaltstein errichtet: der Tod als Sense tragendes Gerippe in verschiedenen Ausführungen – die Darstellung der Apokalypse. Risse und Kerben in den Steinen sind Sinnbilder für Verletzungen und Narben. Ringsum in das Mauerwerk sind Tafeln mit den Namen der Gefallenen eingelassen. Andernach atmet Geschichte – auch ein wenig Literaturgeschichte. Victor Hugo notiert im September 1840 folgende Impression: ›Die Aussicht von meinem Fenster ist überraschend schön. Zu meiner Rechten der Rhein. Zu meiner Linken die vier romanischen Türme einer prächtigen Kirche aus dem 11. Jahrhundert. Unter meinem Fenster schnattern in vollkommener Eintracht Hühner, Kinder und Enten. Weiter hinten klettern Bauern durch die Weinberge.‹ Als 38-Jähriger hat der Autor des Romans *Der Glöckner von Notre Dame* in der Herberge Zum Russischen Kaiser Station gemacht. Dem Autor Werner Bergengruen fällt bei Andernach ›eine vorspringende berggrüne Nase‹ ins Auge. Es ist der Krahnenberg, der auch die Maler Albrecht Dürer und William Turner inspirierte. Und nicht zuletzt hat Günter Grass für seinen 1967 erschienenen Roman *Örtlich betäubt* in Andernach und Umgebung recherchiert.«

In der Buchhandlung von Nicole Anker können Sie auch Kaffee, Häppchen und Wein genießen (Außenbestuhlung ganzjährig!).

Geysir.info gGmbH
Konrad-Adenauer-Allee 40
56626 Andernach
02632 9580080
www.geysir-andernach.de

Spüren Sie die Urgewalt der Natur!

Kaltwasser-Geysir

Weckt dies Ihre Neugierde? Hört sich das nicht aufregend an? Mit einem Fahrstuhl fahren Sie 4.000 Meter (!) tief unter die Erde, und es wird immer wärmer. Sie spüren das glühende Magma, begleiten ein Kohlendioxid-Molekül zurück zur Erdoberfläche und erleben, wie viel Wasser der Geysir pro Ausbruch zutage fördert. Dieses Naturschauspiel können Sie in der Nähe von Koblenz hautnah erleben.

Im Januar 2012 beschwert sich ein von weit angereister Besucher, die angepriesene Reise ins Erdinnere sei ja nur fiktiv gewesen. Das hatte bis dato keiner der mehr als 300.000 Besucher beanstandet, aber nun soll die Informationsbroschüre entsprechend aktualisiert werden. Zwar setzt sich der Fahrstuhl in Bewegung, aber natürlich nicht bis in eine Tiefe von 4.000 Metern, sondern zu einer anderen Ebene des Erlebniszentrums. Sie werden dennoch vom Naturphänomen des höchsten Kaltwassergeysirs der Welt begeistert sein: interaktive Exponate, Experimentierstationen und Medieninstallationen ermöglichen Ihnen einen faszinierenden Zugang zu naturwissenschaftlichen Phänomenen.

Ein Kaltwasser-Geysir funktioniert ähnlich wie eine übersprudelnde Mineralwasserflasche. In der geschlossenen Flasche herrscht ein höherer Druck als in ihrer Umgebung. Durch diesen Überdruck kann das Wasser mehr Kohlenstoffdioxid lösen als unter normalen Umständen. Beim Öffnen der Flasche reduziert sich schlagartig der Druck, und das CO2 steigt in Form kleiner Bläschen nach oben. Das Wasser schießt als kleine Fontäne aus der Flasche. In Andernach sehen Sie eine majestätische hohe Wasserfontäne von über 60 Metern und vielleicht können Sie das Wasser des Geysirs sogar riechen. Das Naturschauspiel wurde 2008 als der weltweit höchste Kaltwasser-Geysir in das Guinness-Buch der Rekorde eingetragen. Der Geysir ist aber nur eine von vielen Attraktionen des Vulkanparks Mayen-Koblenz. Von Andernach erreichen Sie schnell das Infozentrum Rauschermühle bei Plaidt und den *Lava-Dome* in Mendig.

Machen Sie einen Abstecher in den Vulkanpark (ausgeschilderte Autoroute), wandern Sie rund um den Laacher See und besuchen Sie das Kloster Maria Laach.

58

Burg Namedy
55626 Andernach
02632 48625
www.burg-namedy.de

Kulturelle Begegnungsstätte mit Flair

Burg Namedy

Adel verpflichtet? Kann ich durchaus bestätigen, denn Heide Prinzessin von Hohenzollern reagierte ebenso wie Fürstin Gabriela zu Sayn-Wittgenstein und Dr. Karl Graf zu Eltz schneller auf meine Anfrage als die »Bürgerlichen«. Die Wasserburg aus dem 14. Jahrhundert befindet sich seit 1908 im Besitz der Familie. Das imposante Bauwerk steht inmitten einer bezaubernden Parkanlage, und die Festsäle bieten eine fantastische Kulisse für zahlreiche Kulturevents.

»Das Anwesen war in einem maroden Zustand, und wir traten ein schweres Erbe an, als mein Mann, Prinz Godehard, und ich 1988 die Burg nach dem Tod der Eltern übernahmen. Aber Eigentum verpflichtet, und als Schlossbesitzer erlebt man dies jeden Tag. Mein Mann war ein begeisterter Musikfreund und hob die Andernacher Musiktage mit dem OB der Stadt Andernach aus der Taufe. Yehudi Menuhin, der größte Geigenvirtuose des vergangenen Jahrhunderts, übernahm damals die Schirmherrschaft«, erinnert sich die Prinzessin. Heute führt sie das Lebenswerk im Sinne ihres 2001 verstorbenen Mannes weiter: Jazz, Klassik, Freilichttheater, Lesungen, Modern Dance, Musikwettbewerbe – das Kulturprogramm der Burg ist breit gefächert.

Auch die Bildende Kunst kommt in dem seit neun Jahren bestehenden Projekt *Kunst im Park* zu Wort. Prinzessin Heide, ihre Tochter Anna und ein ausgewähltes Team sorgen für eine intensive, sehr individuelle Betreuung aller Besucher der Burg. Das Besondere liegt unter anderem in der privaten, authentischen und familiären Atmosphäre, die die Künstler wie auch die Gäste von Workshops, Hochzeiten und Tagungen an dem Haus so schätzen. Beim Rundgang beeindrucken mich die antiken Möbel, Fotos, Requisiten und unzählige alte Bücher. Ich spüre, dass die Räume noch von der Familie bewohnt werden. In einem Salon habe ich den Eindruck, als habe die Prinzessin soeben erst den Raum verlassen und kurz zuvor ein aufgeschlagenes Buch aus der Hand gelegt.

Namedy befindet sich in einer Sackgasse direkt am Rheinradweg. Die Burg ist nur nach Voranmeldung zu besichtigen, der Park mit Kunstobjekten ist frei zugänglich.

54

Laacher See
56653 Glees

Maria Laach Buch- und Kunsthandlung
Maria Laach
56653 Glees
02652 59365
www.maria-laach-buchhandlung.de

Sind Blubberbläschen gefährlich?

Laacher See

Von Andernach bietet sich ein Ausflug an den Laacher See an. Ich bin Mitglied im Segelclub und genieße die Ruhe an den Wochentagen. Nach einem Spaziergang rund um den See sich auf dem Steg sonnen und beim Schwimmen abkühlen: ein Urlaubstag in der Heimat. Die Abtei Maria Laach, der Buchladen und die Kunstschmiede sind zu jeder Jahreszeit einen Besuch wert. Und der See verzaubert auch im Winter.

Um 10.000 v. Chr. entstand der Laacher See und die ihn umgebende Hügelkette durch Vulkanismus. Anfang 2012 beschrieb die *Daily Mail* ein Horrorszenario, wonach der See kurz vor einem verheerenden Ausbruch stehe. »Maria Laach – Halb Europa von Asche bedeckt, die Sonne verdunkelt, globale Abkühlung und ein Flüchtlingsstrom aus Deutschland« titelte die britische Tageszeitung. Als Beweis für die in ganz Europa aufsehenerregende Story nannten die Redakteure ein Onlinevideo, das in Nahaufnahme Blubberbläschen am idyllischen Seeufer zeigte.

Aber keine Panik: Schon als Kind haben mich die blubbernden Bläschen fasziniert. Gestern noch bin ich um den See gewandert und habe die kleinen Blasen beobachtet. Ein völlig normaler Vorgang seit dem letzten Ausbruch des Vulkans vor 12.900 Jahren. Ob ich es mir nur eingebildet habe, dass ich weniger Wanderer als bei früheren Spaziergängen getroffen habe?

Der Laacher See zieht viele Menschen magisch an. Er wirkt wie ein großes Auge, das sich harmonisch in die bewaldeten Hänge und die breiten Felder einfügt und sich im Wechsel der Jahreszeiten und bei Wetterumschwung verändert. Im Sommer bietet ein Meer von Kornblumen, Mohn und Margeriten einen traumhaften Anblick. Unterschiedliche Fischarten finden hier ihren Lebensraum und die von Schilf bewachsenen und Seerosen durchzogenen Uferzonen sind ein Paradies für seltene Wasservögel. Viele Menschen schätzen die Beschaulichkeit des Sees und das herrliche Waldgebiet mit jahrhundertealten Eichen, Buchen, Fichten und Lärchen.

Stöbern in einer ganz besonderen Atmosphäre – besuchen Sie unbedingt die Buch- und Kunsthandlung nahe des Sees!

55

Lava-Keller im Deutschen Vulkanmuseum Lava-Dome
Brauerstraße 1
56743 Mendig
02652 9399222
www.lava-dome.de

Vulkanpark
Rauschermühle 6
56637 Plaidt
02632 98750
www.vulkanpark.com

EXPLOSIVE VERGANGENHEIT

Vulkanmuseum *Lava-Dome* und Vulkanpark

Rund um den Laacher See informieren zahlreiche vulkanologische und kulturhistorische Projekte über Vulkanismus. In der Rauschermühle in Plaidt erfahren Sie alles Wissenswerte für Ihren Ausflug in den Vulkanpark. Wenn Sie im *Lava-Dome* in Mendig in die unterirdischen Lava-Keller hinabsteigen, werden Sie auch an warmen Tagen spüren, wie die Temperatur mit jeder Stufe im wahrsten Sinne des Wortes »in den Keller geht«.

Die vier Vulkanrouten sind durch Farben gekennzeichnet. Die blaue Route führt nach Plaidt und Kretz, die gelbe nach Kruft und Andernach. An der roten Route liegen die Vulkanpark-Projekte in und um Mendig und die grüne verbindet alle Attraktionen in der Umgebung von Mayen. Das Infozentrum Rauschermühle ist der ideale Ausgangspunkt für einen unvergesslichen Tag im Vulkanpark Mayen-Koblenz. Es hat mich tief beeindruckt, als die riesigen Leuchtbilder von Vulkanausbrüchen erstrahlten und von einer ohrenbetäubenden Geräuschkulisse untermalt wurden. Ich spürte die Urgewalt der Natur. Das müssen Sie erlebt haben. Die Filme und Computeranimationen nehmen den Betrachter mit auf eine Zeitreise durch die Entstehungsgeschichte der Eifel, ohne einen einzigen Schritt zu gehen. Einfach faszinierend.

In – besser gesagt unterhalb von – Mendig befindet sich in über 30 Metern Tiefe eine weltweit einmalige Landschaft. Ich steige 150 Stufen hinunter zum erkalteten Lavastrom, der nach den Vulkanausbrüchen die Region mit Glut und Asche bedeckte. Mir ist beim Abstieg eisig kalt, aber der Gang in die Tiefe erhöht die Spannung, was mich dort unten erwarten wird. Der erste Eindruck ist überwältigend. Auf fast drei Quadratkilometern ist ein Netz von Stollen und Schächten entstanden, als im späten Mittelalter der kostbare schwarze Basalt abgebaut wurde. Im 19. Jahrhundert nutzten Brauereien aus der Region die stets gleichbleibende Temperatur von 6 bis 9 Grad, um in der Tiefe ihr Bier zu lagern.

Informieren Sie sich zunächst in der Rauschermühle und planen anschließend den Routenverlauf. Empfehlenswert ist auch ein Besuch der Vulkan Brauerei in Mendig.

WELTKULTURERBE OBERES MITTEL-RHEINTAL

56

Rundgang durch die Kurstadt
Rund um die Brunnenhalle
Staatsbad Bad Ems
Römerstraße 8
56130 Bad Ems
www.bad-ems.info

Restaurant im Badhaus
Römerstraße 41a
56130 Bad Ems
02603 9318640
www.restaurant-im-badhaus.de

Wo der Adel verwöhnt wurde

Kurstadt an der Lahn und auf der Höhe

Gut erhaltene Prachtbauten erinnern an die bedeutende Bäderarchitektur der Kurstadt, und in den Parkanlagen spürt man heute noch den Glanz der Zaren- und Kaiserzeit.

Wandern Sie innerhalb des überschaubaren Stadtbereichs rund um die Lahn. In der Brunnenhalle des Stadtbads sollten Sie zumindest einmal frisches Wasser aus der Heilquelle trinken. Wer es gemütlich mag, steigt auf ein Fahrgastschiff oder mietet ein Tretboot und genießt die Landschaft vom Sonnendeck aus.

Die *Emser Therme* ist eines der modernsten Thermalbäder Deutschlands. Hier finden Sie auf 6.600 Quadratmeter ein Wellnessangebot auf höchstem Niveau: Ich empfehle besonders einen Besuch in der Fluss-Sauna. Nach dem Relaxen sollten Sie den Tag in einem der zahlreichen Restaurants kulinarisch ausklingen lassen: *Adria, Alt Ems, Estragon* (Emser Hof), *Häckers* (Grand Hotel), *Lahnterrasse, Vino e Cucina* (Terrasse in der Abendsonne), *Von und zu* (im Kurhaus) oder *Bismarckhöhe, Concordiaturm* und *Wintersberg* (auf der Höhe!).

Wollen Sie mit Ihrer(m) Liebsten oder im kleinen Kreis alleine dinieren? Im *Badhaus* serviert Küchenchef Paul Badura in »kleinen Speisekammern« (einst Wellnessräume für Könige, Zaren und Fürsten) stets frische Produkte seiner gehobenen regionalen Küche. In den liebevoll dekorierten Räumlichkeiten erinnern noch viele Requisiten an Kaiserzeiten. Die Außenterrasse lädt im Sommer zum Verweilen ein; für Lesungen, musikalische Veranstaltungen sowie private Feierlichkeiten bietet sich ein großer Saal an.

Erleben Sie auch im Stadtmuseum bei einer Führung mit Dr. Sarholz die Bad Emser Geschichte hautnah. Besuchen Sie das Beatles-Museum und fahren Sie mit der Kurwaldbahn hoch zur Bismarckhöhe.

Bis Mitte 2019 sorgte Bürgermeister Berny Abt auf seine Art »für frischen Wind«. Abt, hauptberuflich Regisseur mit eigener Film- und Fernsehproduktionsfirma, hat bereits zahlreiche Preise gewonnen (Goldener Löwe, Bambi, Bayerischer Fernsehpreis, Goldene Kamera, Grimme-Preis …).

57

Personenschifffahrt Lahnstolz
56130 Bad Ems
02603 4376
www.lahnstolz.de

Kanu-Charter Wolff
56379 Obernhof (Insel)
02604 950055
www. ahnkanus.de

FLUSSWANDERN WIE LEDERSTRUMPF

Im Kanu auf der Lahn

Mein zwölfjähriger Sohn und ich gleiten ruhig mit dem Kanu in die nächste Schleuse. Vor uns legt ein Sportboot steuerbord an. Beim Runterschleusen bemerke ich rechtzeitig, dass sich das Heck nicht absenkt. Ein kurzer Schrei. Der Schleusenwärter kappt mit einem gezielten Axtschlag die Leine. Der Sohn des Skippers hatte das Wort »Festmachen« wörtlich genommen und die Achterleine am obersten Poller fest belegt.

Trotz dieses Zwischenfalls werden die Kanutouren und das Zelten in freier Natur unvergesslich bleiben. Eigentlich weiß jeder Flusswanderer, dass man beim Schleusengang bergauf Leinen dichter holen beziehungsweise bergab nachgeben muss und die Leine niemals fest belegen darf. Aber ansonsten stellt die ruhig fließende Lahn an Kanuten und Paddler keine besonderen Anforderungen, und Anfänger werden vorher eingewiesen.

Ich radele regelmäßig am Fluss entlang, bin auf dem Lahnhöhenweg gewandert, mit den Kindern Tretboot und Kanu gefahren und genieße auch beim gemütlichen Dahintuckern hinter dem Steuer der Motorjacht *Là-bas* meines Freundes Klaus Sulzbacher die Ruhe. Eine Flussfahrt auf der Lahn mit ihren stillen Auen ist Entspannung pur. Zwischen Lauenburg und Balduinstein ragen an engen Stellen die Bäume wie ein Dach über das Wasser. Dann habe ich das Gefühl, mitten durch einen Urwald zu fahren.

Gönnen Sie sich einen Tag in freier Natur und leihen ein Kanu bei einem der Charter-Unternehmen, die das Boot zum Ausgangspunkt transportieren oder an der Endstation Ihrer Reise abholen.

Wer es gemütlicher mag, steigt auf ein Fahrgastschiff und genießt die Landschaft vom Sonnendeck. Sie können in Koblenz eine Schiffsreise beginnen oder mit dem Auto nach Bad Ems fahren (30 Minuten) und an der Anlegestelle bei der Römerquelle zu einer Lahntour starten. Verbinden Sie Ihren Ausflug mit einem Bummel durch die idyllisch in einem Talkessel gelegene Kurstadt Bad Ems mit vielen alten Prachtbauten und einem schönen Kurpark.

Seit 2019 (Neueröffnung!) mein Favorit an der Lahn: der *Camping- und Beachclub* mit Urlaubsfeeling direkt vor der Haustür.

Camping- und Beachclub
Fachbach an der Lahn
Furtweg 15
56133 Fachbach
www.camping-beachclub.de

58

Deutsche Burgenvereinigung Marksburg e.V.
56338 Braubach
02627 536
www.deutsche-burgen.org

Landgasthof Zum weißen Schwanen
Brunnenstraße 4
56338 Braubach/Rhein
02627 9820
zum-weissen-schwanen.de

NIE EROBERT – IMMER BESUCHT

Marksburg

Die Marksburg ist die einzige nie zerstörte Höhenburg am Rhein. Die imposante Festung mit Bergfried, mehreren Gebäuden, Zwingern und Bastionen auf einem Felskegel über dem romantischen Städtchen Braubach ermöglicht eine Zeitreise ins Mittelalter. Besichtigen Sie Burgküche, Rittersaal, Kemenate, Kapelle, Rüstkammer, Weinkeller, Wehrgänge und Turmstuben und genießen Sie von der Terrasse den herrlichen Blick ins Rheintal.

Für unsere Gäste ist der Besuch der Marksburg ein absolutes Muss und wir genießen immer wieder die unbeschreibliche Atmosphäre. Ich erinnere mich an einen Auftritt in der stimmungsvollen Feierhalle des Festsaals mit meiner Rockband *BOP.* An diesem Abend hatten wir das Vergnügen mit dem weltbekannten Gitarristen Lulo Reinhardt auf der Bühne zu stehen. Ebenfalls in guter Erinnerung habe ich die Hochzeitsfeier meiner Kollegin Tanja in der Kapelle mit anschließendem Empfang auf der Freiterrasse.

Die imposante Burganlage wurde in der für die Stauferzeit charakteristischen Dreiecksform des Grundrisses erbaut. Durch Kauf kam die Marksburg 1283 an Graf Eberhard II. von Katzenelnbogen. Diese Grafenfamilie aus dem Taunus zählte zu den reichsten Geschlechtern des Rheinlandes und rangierte ganz oben in der Rangliste der Reichsgrafen. Einer der Katzenelnbogener verlegte sogar seine Residenz zeitweise hierher und ließ dafür die gotischen Gebäude errichten. Sie verliehen der Marksburg ihre imposante Gestalt, die im Wesentlichen noch heute das Erscheinungsbild bestimmt. Reiche Japaner wollten vor einigen Jahren die Burganlage kaufen und planten den kompletten Abbau der Gebäude, um diese in ihrer Heimat im Original wieder zu errichten. Beruhigend, dass Geld nicht immer die Welt regiert und uns diese Burg erhalten blieb.

Die Marksburg kann nur im Rahmen von Führungen (50 Minuten) besichtigt werden. Außer der Schänkenstube für Tagestouristen gibt es weitere Räumlichkeiten für Events.

Gönnen Sie sich eine Burgenrundfahrt auf dem Schiff *Marksburg* der Firma Vomfell. Lassen Sie den Urlaubstag bei einem leckeren Essen im Landgasthof *Zum weißen Schwanen* ausklingen.

59

Wanderung Rheinsteig bei Braubach
Loreley-Besucherzentrum
und Rheinsteig-Büro
Auf der Loreley 7
56346 St. Goarshausen
06771 959380
www.rheinsteig.de

NICHT NUR DES MÜLLERS LUST

Wanderung Rheinsteig und Ruppertsklamm

Ich muss gestehen, dass sich meine Begeisterung für schweißtreibende Wanderungen in Grenzen hält, besonders wenn es immer wieder bergauf geht. Letztes Jahr haben mich Freunde zu einer Rheinsteigwanderung von Braubach nach Kamp-Bornhofen überredet und weckten meine Leidenschaft für das Erkunden der Rheinhöhen auf Schusters Rappen. Für dieses Jahr haben wir weitere Etappen auf dem Rheinsteig und dem Rheinburgenweg geplant.

Der Rheinsteig verläuft 320 Kilometer von Bonn bis Wiesbaden oberhalb von Deutschlands größtem Strom. Sie überrascht die Entfernung? Der Wanderweg führt auch durch Seitentäler und ist 114 Kilometer länger als sein linksrheinisches Pendant: der Rheinburgenweg von Remagen bis Bingen. Die Streckenabschnitte sind abwechslungsreich. Soeben sind Sie noch auf breiten, ebenen Wegen durch die Weinberge spaziert, jetzt steigen Sie einen schmalen Serpentinenpfad hinab in ein Seitental, erneut geht es bergauf zur nächsten Rheinhöhe, danach wandern Sie durch schattige Wälder und an kleinen Bächlein entlang (siehe »Ein Stück Rheinsteig schnuppern« im Lieblingsplätze-Reiseführerührer *Wiesbaden – Rhein-Taunus – Rheingau* von Susanne Kronenberg).

Wer den Nervenkitzel liebt, trittsicher und schwindelfrei ist, kann einige der spektakulären Klettersteige passieren. Aber keine Angst: Es gibt Ausweichrouten. Sie sollten trotz der guten Beschilderung Kartenmaterial im Rucksack verstauen und die Fahrpläne von Bahn, Bus und Schiff an der Rheinschiene kennen, damit Sie nach einer Tagestour stressfrei Ihre Rückreise nach Koblenz oder zu einem der speziell für Rheinsteig-Wanderer angelegten Parkplätze antreten können.

Ein besonderer Höhepunkt auf dem Streckenabschnitt zwischen Koblenz und Braubach ist die Ruppertsklamm vor Lahnstein. Hier hat sich der kleine Bach tief in den Tonschiefer und Sandstein eingegraben. Sie wandern über Steinstufen und schmale Brücken und müssen sich zwischen den hohen Felsen an den Sicherungsseilen entlanghangeln.

Die vermoosten Felspartien in der Ruppertsklamm sind bei Nässe spiegelglatt, und an Regentagen sollten Sie diesen Abschnitt vorsichtig durchwandern.

60

Burg Sterrenberg
56341 Kamp-Bornhofen
02627 9820
06773 251
www.burg-sterrenberg.de

Burg Liebenstein
56341 Kamp-Bornhofen
06773 308
www.castle-liebenstein.com

EDLE RITTER UND GESELLIGE POLITIKER

Burg Sterrenberg und Burg Liebenstein

150 Meter hoch über dem Rheintal stehen sie, die feindlichen Brüder. Nein, ich meine natürlich nicht den ehemaligen Ministerpräsidenten Kurt Beck und Innenminister Roger Lewentz: Das sieht doch nach einer harmonischen Männerfreundschaft aus. Die Burgen Sterrenberg und Liebenstein sind »die feindlichen Brüder«. Hier wohnten vor langer Zeit Heinrich und Konrad. Beide liebten die hübsche Hildegard. Die Geschichte endete tragisch.

Die Brüder und Hildegard verbrachten auf Sterrenberg unbeschwerte Kindheitstage, bis sich beide in das hübsche Mädchen verliebten. Hildegard erwiderte Konrads Gefühle, Heinrich wollte dem jungen Glück nicht im Weg stehen und zog als Kreuzritter ins ferne Palästina. Als Heinrichs ritterliche Heldentaten gerühmt wurden, zog Konrad noch vor seiner Hochzeit auch in den Heiligen Krieg. Heinrich kehrte kurze Zeit später zurück und lebte mit Hildegard auf Burg Liebenstein, ohne sich ihr jedoch zu nähern. Als Konrad mit einer Griechin in Sterrenberg einzog, forderte Heinrich seinen Bruder zum Kampf heraus. Hildegard warf sich zwischen die feindlichen Brüder und trat ins Kloster Marienberg ein. Ein Jahr später wurde Konrad von der Griechin verlassen, und der edle Heinrich nahm seinen Bruder in Liebenstein auf, damit dieser nicht allein wohnen musste. Konrad starb früh und Heinrich trat in das Kloster Bornhofen ein. Am Tag, als man ihn zu Grabe trug, läuteten im Kloster Marienberg auch die Totenglocken: für Hildegard. So weit die Sage.

Zurück zur Gegenwart. Roger Lewentz hat als BUGA-Beauftragter viel für Koblenz und die Region bewegt und lebt gerne im Mittelrheintal. Als ich ihn nach seinem Lieblingsplatz frage, ist die Antwort eindeutig: »Der herrliche Blick auf die Burgen und ins romantische Rheintal lädt bei einem guten Gläschen Wein zum Entspannen ein.« Alle zwei Jahre wird unter der Schirmherrschaft von Roger Lewentz und Kurt Beck beim Jugend- und Kulturfestival *Mittelrhein Open Air* auf den Burgen abgerockt.

Rheinromantik pur im Familienhotel auf Burg Liebenstein (höchstgelegene Burg am Mittelrhein); Ferienappartement Kunibert auf Burg Sterrenberg mit Café und Restaurant.

61

Weingut Matthias Müller
Mainzer Straße 45
56322 Spay
02628 8741
www.weingut-matthias-müller.de

Weingut Weingart
Peterspay 1
56322 Spay
02628 8735
www.weingut-weingart.de

IN VINO VERITAS

Weingut Matthias Müller

Ende der 70er-Jahre brachte mich mein Schwiegervater auf den Geschmack – und er hatte einen guten Geschmack. Ich bevorzugte damals eher Biersorten aus der Region (Königsbacher, Bitburger, Hachenburger), Wein war für mich ein Getränk für »alte Männer«. Dann fuhr ich das erste Mal mit meinem Schwiegervater zum Weineinkauf, und in Müllers Winzerstube in Spay wurde meine Leidenschaft für den Rebensaft geweckt.

Dank meiner ersten Weinprobe bei Müller weiß ich heute, was sich hinter den Namen Feuerlay, Ohlenberg, Mandelstein und anderen Bezeichnungen verbirgt und wie man sich diese Anbaulagen auf der Zunge zergehen lassen kann.

Bereits bevor Matthias Müller zu Deutschlands *Winzer des Jahres* gekürt wurde, hatte ich vergeblich versucht, einen ersten Kontakt herzustellen. Nach der international beachteten Auszeichnung wurde es dann noch schwieriger, Matthias Müller zu erreichen. Müllers Vater nahm meine Telefonate entgegen, war immer sehr freundlich und antwortete, dass er ja »nur« der Opa sei und er mir keine Mail-Adresse nennen könne, weil er sich »mit dem neumodischen Zeugs net auskennt«. Dann habe ich ihn gebeten, seinen Enkel zu informieren, und nach dem Telefonat mit Johannes Müller habe ich doch noch die erforderlichen Informationen erhalten.

1994 wurde das *Weingut Müller* erstmals im *Gault Millau* erwähnt. 1998 ehrte der renommierte Weinführer den Spayer Winzer als Entdeckung des Jahres und Müllers Weine wurden danach mehrfach in der Vereinigung deutscher Prädikatsweingüter prämiert. Es wurde auch das Engagement des bodenständig gebliebenen Winzers gelobt. Müllers Passion ist es, in der Steillage Bopparder Hamm feine Rieslinge anzubauen, und er hofft, dass das Weinanbaugebiet Mittelrhein zwischen Bingen und Bonn noch bekannter wird. Das aktuelle Projekt der Winzerfamilie ist eine architektonisch moderne Vinothek mit großer Glasfront und 350 Quadratmetern Fläche, die Anfang 2012 eröffnet wurde.

Radtour von Koblenz auf dem Leinpfad bis Spay. Weiter bis Boppard. Mit der Fähre auf die andere Rheinseite. Über Braubach zurück nach Koblenz.

62

Schloß Stolzenfels
Am Schloßweg
56075 Koblenz
0261 51656
www.schloss-stolzenfels.de

Weingut Didinger
Rheinuferstraße 13
56340 Osterspai
02627 512
www.weingut-didinger.de

DER INBEGRIFF DER RHEINROMANTIK

Schloss Stolzenfels

Am südlichen Ende von Koblenz, im Stadtteil Stolzenfels, thront hoch über dem Rhein in einer malerischen Lage auf einem Felssporn das Schloss Stolzenfels. Die frühere Burg wurde im Jahre 1250 vom Trierer Erzbischof Arnold von Isenburg erbaut. Bis 1412 wurde dort der Rheinzoll erhoben. Die Besitzer wechselten im Laufe der Jahrhunderte ebenso wie die Nutzung. Durch den Pfälzischen Erbfolgekrieg wurde die Burg 1689 zerstört und kam zum Eigentum der Stadt Koblenz. Diese schenkte die Ruine im 19. Jahrhundert dem preußischen Kronprinzen Friedrich Wilhelm, dem späteren König Friedrich Wilhelm IV. Der Prinz nahm das Geschenk nach längerem Zögern an und ließ die Ruine von namhaften Architekten, unter anderem Karl Friedrich Schinkel und Johannes Claudius von Lassaulx, zum Schloss ausbauen. Sogar die englische Königin Victoria und ihr Prinzgemahl bewohnten den prächtigen Bau im Jahre 1845 drei Tage lang.

Als Stolzenfels noch ein graues Gemäuer war, ermittelte ich gegen zwei Einbrecher, die nachts das Schloss mit Enterhaken »erstürmen« und wertvolle Zinnkrüge entwenden wollten. Wir observierten Stolzenfels mehrere Nächte aus dem Wald. Vergeblich. Mein Informant bekam kalte Füße und warnte die Gruppe. Dennoch war es ein interessanter Fall. Immerhin konnten wir den Einbruch verhindern und Sie können weiterhin die Zinnkrüge bewundern.

Nicht nur deswegen möchte ich Ihnen eine Besichtigung des Schlosses mit seinen wertvollen Möbeln, Gemälden und den traumhaften Außenanlagen besonders empfehlen: Schon für den herrlichen Blick auf die Rheinlandschaft und die Lahnmündung auf der anderen Seite lohnt der Besuch von Schloss Stolzenfels, das in den letzten Jahren vom Land Rheinland-Pfalz umfangreich restauriert wurde. Die Bezeichnung »Inbegriff der Rheinromantik« ist für dieses einzigartige Beispiel der preußischen Baukunst wirklich nicht übertrieben. Ein organisierter Besuch kann auch über die Koblenz-Touristik gebucht werden.

Mit Auto (oder Rad) bis Boppard und mit der Fähre auf die andere Rheinseite fahren. Kehren Sie in Osterspai beim Winzer Didinger ein, wandern Sie auf dem Filsener Kirschenpfad und über Braubach zurück nach Koblenz.

63

Rheinburgweg
Romantischer Rhein Tourismus
Auf der Loreley 7
56346 St. Goarshausen
06771 959380
www.rheinburgenweg.com

Günderodehaus
Siebenjungfrauenblick
55430 Oberwesel
06744 714011
www.guenderodefilmhaus.de

PER PEDES DIE RHEINBURGEN EROBERN

Rheinburgenweg nach Oberwesel

Sie heißen Schmitt, van de Falk, Wilson, Stilmant oder Zhang, sie erstürmen die weltberühmte Drosselgasse in Rüdesheim und erobern den Loreleyfelsen. Aber immer häufiger schnüren die Touristen aus aller Herren Länder die Wanderstiefel, um von den Rheinhöhen die ihnen bis dato nur aus Reiseführern bekannten Ausblicke mit eigenen Augen zu betrachten und natürlich zur Erinnerung ein Bild zu schießen.

Der Rheinburgenweg ist das linksrheinische Pendant des Rheinsteigs und eignet sich eher für sportlich weniger ambitionierte Wanderer. Das bedeutet jedoch nicht, dass es auf dieser Strecke keine anspruchsvollen Etappen gibt. Der Bopparder Klettersteig etwa hat durchaus alpinen Charakter, aber auch eine nicht ganz so spektakuläre Alternativ-Route.

Von Koblenz können Sie über den Rittersturz und Schloss Stolzenfels an einem Tag bis nach Rhens wandern. Die nächste Etappe führt zum Jakobsberg von Hans Riegel aus Bonn, kurz »Haribo« genannt. (Thomas Gottschalk hat sich in der Nähe von Koblenz ein Schloss gekauft.) Vom Vierseenblick hat man eine ungewöhnliche Aussicht, denn durch die große Flussschleife entsteht der Eindruck, als würden im Tal vier Seen liegen. Als Abstieg empfehle ich den Weg durch den Bopparder Hamm.

Meine eindeutige Lieblingsetappe beginnt in St. Goar. Ich steige über die steilen Treppen neben der Kirche zur Rheinhöhe auf. Kurz vor Oberwesel kehre ich bei Elke Bolland im *Günderodehaus* ein. Das alte Fachwerkhaus wurde für den Film *Heimat 3* von Regisseur Edgar Reitz zunächst als baufällige Ruine erbaut und im Laufe der Filmhandlung restauriert. Da die Baugenehmigung nur für die Zeit der Dreharbeiten erteilt wurde, sollte das Gebäude wieder abgerissen werden. Dank einer Privatinitiative wird das Filmhaus auch in Zukunft ein Treffpunkt für literarische und musikalische Erlebnisse bleiben. Ich übertreibe wirklich nicht: Hier müssen Sie gewesen sein. Die exponierte Lage und der (für mich schönste) Rheinblick werden Sie begeistern.

Tipps: *Günderodehaus* – hausgebackener Kuchen und einzigartiger Blick (www.guenderodefilmhaus.de). *Freilichtbühne Maria Ruh* – Biergarten, Kaffeehaus und Restaurant (www.maria-ruh.de): Picknickkorb und ein Fässchen Bier ordern und im Park das Freiluft-Feeling genießen.

ENTLANG DER MOSEL

64

Stattstrand
(Mai–Oktober)
Universitätsstraße
56072 Koblenz
0152 05413111
www.statt-strand-koblenz.de

URLAUBSIDYLLE MITTEN IN DER STADT

Stadtstrand *stattStrand* in Metternich

Ich ziehe Schuhe, Strümpfe und mein T-Shirt aus, lege mich in den Strandstuhl und schließe die Augen. Die Sonne wärmt meine Haut, und zwischen den Zehen spüre ich feinen Sand. Eine Strandidylle taucht vor meinem geistigen Auge auf. Das Geräusch der Wellen, die ans Moselufer schlagen, vermittelt mir die Illusion, das beruhigende Rauschen des Meeres zu hören. Aber die Wellen werden durch ein Sportboot ausgelöst, das auf der Mosel schippert. Fantasie muss man haben. Als Krimiautor braucht man die auch.

Klaus Berg hat mit dem *stattStrand* 800 (!) Tonnen feinsten Quarzsand am Moselufer übernommen, zahlreiche Sträucher gepflanzt, Zelte und Verkaufsstände errichtet und Strohschirme, bequeme Liegestühle und Loungesofas aufgestellt. In der Nähe der Koblenzer Universität finden Studierende und Bewohner des Stadtteils Metternich sowie Radfahrer und Wanderer eine Oase der Entspannung. Echte Palmen, dezente Entspannungsmusik, leckere Cocktails und Hunderte bequemer Sitz- und Liegeflächen vermitteln echtes Urlaubsfeeling.

Nicht nur bei strahlendem Sonnenschein genießen Erholungssuchende aus der Region und Touristen seit bereits über zehn Jahren die einmalige Atmosphäre. Der Stadtstrand ist über die Grenzen der Stadt Koblenz hinaus eine einmalige Location für eine Auszeit. Beim Blick auf den Moselstausee erwachen Urlaubsgefühle und bei schönem Wetter können sich nicht nur Krimiautoren mit ein wenig Fantasie ans Meer »beamen«.

Im Gespräch mit dem Betreiber Klaus Berg heizt die Sonne kräftig ein und wir reden über die prognostizierten Hitzewerte von 40 Grad in den nächsten Tagen. Klaus Berg kann sich noch gut daran erinnern, dass bei der Eröffnung des Stadtstrands ein ebenso heißer Sommer war.

Das Schwimmen in der Mosel ist im Bereich des Stadtstrands untersagt!

65

Weltmeister Peter Joppichs Lieblingsplatz

Moselstausee
56073 Koblenz

Lieblingsplatz eines Weltmeisters

Moselstausee in Metternich

Bereits bei Anja Fichtels Olympiasieg im Florettfechten 1988 wurde das Interesse des »kleinen Peter« für diese Sportart geweckt. »Damals war Peter noch keine sechs Jahre alt« erinnert sich seine Mutter Hilde, die zurzeit stolz Peters »Nachwuchs« hütet.

Peter Joppich ist der erfolgreichste deutsche Fechter und nach Thomas Anders wohl der bekannteste Koblenzer. Der heutige Herrenflorettbundestrainer Uli Schreck entdeckte Peters Talent im Internat des Deutschen Fechterbundes, förderte den damals 15-Jährigen und führte ihn zu den ersten Siegen. Joppich gewann bereits im Jugend- und Juniorenalter viele nationale und internationale Titel, unter anderem sieben deutsche Meisterschaften. Nach dem ersten Weltmeistertitel mit der deutschen Mannschaft 2002 wurde er vierfacher Florettweltmeister im Einzel (2003, 2006, 2007 und 2010). Bei den Olympischen Spielen erreichte Joppich 2004 in Athen Platz sechs im Einzel, 2016 in Rio de Janeiro Platz zwölf und 2018 in Peking Platz fünf im Einzel. 2012 gewann er bei den Spielen in London mit der deutschen Mannschaft die Bronzemedaille. Nach drei Europameistertiteln und dem Bronzegewinn bei den Europameisterschaften 2019 in Düsseldorf stieg Joppichs Sammlung auf beachtliche 22 internationale Medaillen.

Obwohl Peter Joppich viel von der Welt gesehen hat, kommt er nach jedem Wettkampf gerne nach Koblenz zurück. »Ich wohne direkt an der Mosel und jogge gerne am Moselufer, und wenn die Sonne scheint und die Segelboote über das ruhige Wasser gleiten, kommt bei mir am Moselstausee richtige Urlaubsstimmung auf.«

Ich kann das gut nachvollziehen. Wenn der laue Wind meine kleine Segeljolle über das glatte Wasser des Stausees vor sich herschiebt, höre ich nie den Lärm der parallel verlaufenden Bundesstraße.

Unternehmen Sie eine Rundtour von der Altstadt – immer an der Mosel entlang – über die Schleuse Richtung Güls (Zwischenrast am Stadtstrand oder am *Fährhaus am Stausee*) und zurück über Eisenbahnbrücke (Abschluss im *Contel*-Biergarten).

66

Fährhaus Koblenz
An der Fähre 3
56072 Koblenz
0261 201710
www.faehrhauskoblenz.de

Weinhaus Schwaab
Winninger Straße 84
56072 Koblenz
0261 9 22 44 83
www.weinkeller-schwaab.de

AM WASSER DIE SEELE BAUMELN LASSEN

Hotel-Restaurant Fährhaus

Ein Ereignis in meinem Leben, das ich niemals vergessen werde: Im *Fährhaus* wurde bei einem Familienfest meine Frau entführt. Der »Tatort« wurde jedoch mit dem Abriss des alten Gebäudes aus meinem Gedächtnis gelöscht. Sie denken wir Krimiautoren übertreiben?

Der Unternehmer Frank Gotthardt, Investor des neuen *Fährhauses*, erinnert sich noch gut an das alte Gemäuer. Seine Gülser Tante hatte ihn dort schon in seiner Kindheit zum Essen eingeladen. 2017 ließ Gotthardt an dessen Stelle ein modernes Hotel in Form eines Traumschiffs mit Speiselokal, Kongressräumen und Wellnessbereich errichten. Als Küchenchef konnte er Sternekoch Frank Seyfried gewinnen. Im *Fährhaus*-Restaurant *Landgang* serviert Seyfried hervorragende Gerichte mit ausgewählten regionalen Produkten und verbindet als leidenschaftlicher Gastgeber Tradition mit raffinierter Kochkunst.

Auch wenn ich einen Hauch von Wehmut beim Abriss des früheren Gebäudes verspürt habe, so erlebe ich das heutige *Fährhaus* als eine besondere Location, die mit einer genialen Erlebniskultur aufgeladen ist: ein neues gastronomisches Highlight am Rande der Stadt, eine Ruheoase für Erholungssuchende und Businessgäste, die in dem großzügigen Wellnessbereich auf zwei Etagen relaxen können.

Ich sitze mit einem Glas Riesling vom *Weingut Toni Müller* auf der Terrasse, genieße den herrlichen Ausblick, beobachte die im Sommerwind schaukelnden Boote des Yachtclubs und die dahingleitenden Segler auf der Mosel. Dann schließe ich die Augen, höre nur noch das leise Geräusch der Wellen und freue mich auf das Gourmet-Menu. »La vie est un long fleuve tranquille – das Leben ist ein langer, ruhiger Fluss.«

Wandern oder radeln Sie nach Güls, über die Eisenbahnbrücke zur anderen Moselseite (Abstecher in den *Contel*-Biergarten!) wieder zurück über die Schleuse, entspannen Sie im Liegestuhl am *Stadtstrand* oder kehren im *Weinhaus Schwaab* ein.

Fährhaus Koblenz
An der Fähre 3
56072 Koblenz
0261 201710
www.faehrhauskoblenz.de

FÄHRHAUS

67

Café Hahn
Neustraße 15
56072 Koblenz
0261 42302
www.cafehahn.de

Weingut Toni Müller
Am Mühlbach 96
56072 Koblenz
0261 408808
www.weingut-toni-mueller.de

KULTUR UND PRÄMIERTE WEINE

Café Hahn und Weingut Toni Müller in Güls

Wenn sie hier (nur) Kaffee und Kuchen erwarten, werden Sie zunächst enttäuscht, aber dennoch angenehm überrascht sein. Das *Café Hahn* zählt inzwischen zu den renommiertesten Live-Klubs der deutschen Musik- und Kleinkunstszene. Vor 30 Jahren hatte Berti Hahn die grandiose Idee, das Café in einen Klub zu verwandeln. Ich kann mich noch gut erinnern, denn an diesen Ort wurde kurz vor dem Umbau meine Frau entführt.

Okay, zugegeben, wir Krimiautoren übertreiben manchmal. Es ist ein alter Brauch, dass gute Freunde nach der Hochzeit die Braut entführen und von Kneipe zu Kneipe ziehen (bei uns Reintour genannt, rein in die Kneipe). Der Bräutigam muss die Gruppe finden und die Zeche zahlen. Unsere Hochzeitsfeier fand im *Fährhaus am Stausee* statt und ich hatte (abgesehen vom »schönsten Tag des Lebens«) zweimal Glück. Die Gruppe flüchtete mit meiner eindeutig besseren Hälfte nicht in die Altstadt, sondern ins nahe gelegene *Café Hahn*. Insofern war das Auslösen mit geringen Kosten verbunden. Die Entführer tranken außerdem nur Stubbis (Bier in kleinen Flaschen). So weit zu der gemeinsamen Geschichte. Bereits 2011 feierte das *Café Hahn* mit Musikern, Comedians, Kabarettisten, Artisten und Autoren das 30-jährige Jubiläum. Fred Kellner und die famosen Soulsisters mit Anke Engelke sowie zahlreiche damals noch unbekannte Comedystars wie Bastian Pastewka oder Mario Barth haben auf dieser Bühne ihre Karriere begonnen. Berti Hahn wurde für sein unermüdliches Engagement mit dem Kulturpreis der Stadt Koblenz und das *Café Hahn* beim *Live Entertainment Award* (LEA) 2014 als »Club des Jahres« ausgezeichnet.

Neben vielen anderen guten Winzern in Güls kann ich die Weine von Toni Müller am Ortsaugang von Güls in Richtung Eifel empfehlen. Der seit 1611 bestehende Familienbetrieb produziert in einer einzigartigen Terrassenlandschaft Weine höchster Qualität und wurde mit zahlreichen Prämierungen ausgezeichnet. Besuchen Sie die kleine Probierstube und genießen Sie edle Tropfen direkt beim Winzer.

Informieren Sie sich auf der Website über aktuelle Veranstaltungen. Ich bin sicher, dass eines der Events des breit gefächerten Angebots Ihren Geschmack treffen wird.

68

Touristik Winningen e.V.
August-Horch-Straße 3
56333 Winningen
02606 2214
www.winningen.de

Ferieninsel Winningen
Raiffeisenstraße 16
56333 Winningen
02606 1800
www.mosel-camping.com

ÄLTESTES WINZERFESTE

Das schönste Weindorf

Winningen, einer der schönsten Winzerorte in der Region, liegt malerisch eingebettet zwischen den Weinbergen und der Mosel. An den steilen Hängen gedeihen auf den Schieferterrassen sonnenverwöhnte Weine von einzigartigem Geschmack. Ab dem letzten Wochenende im August feiern die Winninger mehrere Tage lang das älteste Winzerfest in Deutschland. Hier habe ich vor vielen Jahren mit einem einzigen Song einen »Fuffie« verdient.

Wir saßen vor einer Weinwirtschaft auf der engen Gasse, sangen zweistimmig und spielten auf unseren Gitarren Songs, die viele heute nur noch von den runden schwarzen Scheiben mit dem kleinen Loch in der Mitte kennen. Ich hatte das rechte Bein unter meinem grünen Lodenmantel eingezogen. So was wirkt immer. Wir ernteten Beifall für »Bridge over troubled water«, aber es lagen erst ein paar Groschen in unserem Hut. Dann wünschte sich ein Mann »Blowin' in the wind«. Der Song von Bob Dylan gehörte zu unserem Standardrepertoire. Nach drei Strophen drückte mir der Mann in scheinbar seliger Weinlaune 50 Mark in die Hand und damit war unser Straßenkonzert beendet. So weit meine Erinnerungen.

»Die Winninger feiern nicht nur das älteste Winzerfest, sondern auch das traditionelle Eierkibben, ein Höfefest und alle zwei Jahre die Kunsttage mit international renommierten Künstlern«, sagt Frank Hoffbauer, der Geschäftsführer von Winningen Touristik.

Sie können es aber auch ruhiger angehen lassen und wandern über die gut ausgebauten Wege durch die Weinberge nach Kobern-Gondorf und Güls oder buchen eine Schiffsrundreise. Vor Winningen liegt die Insel Ziehfurt mit Campingplatz, Jachthafen und einem schönen Freibad in der Nähe. Und noch was Besonderes: Hier können Sie »in die Luft gehen«. Wenn Sie die Region aus der Vogelperspektive betrachten möchten, starten Sie vom Verkehrslandeplatz Koblenz-Winningen zu einem Rundflug: So lernen Sie die Burgen an Mosel und Rhein von oben kennen.

Beobachten Sie von der Terrasse des Flughafenrestaurants das Treiben auf der Landebahn.

69

Sektkellerei und Weingut von Canal
Graf-Sponheim-Straße 10
56333 Winningen
02606 2110
www.sekt-von-canal.de

Projektbüro Traumpfade
Bahnhofstraße 9
56068 Koblenz
0261 108419
www.remet.de

Griechischer Sekt von der Mosel?

Weingut von Canal

Bereits in jungen Jahren entdeckte der Winzersohn Wolfgang von Canal seine Leidenschaft für den Weinanbau. Er studierte Önologie, seit 1990 betreibt er die Sektkellerei und das Weingut und fühlt sich der Tradition seiner Vorfahren verpflichtet. Bei den Olympischen Sommerspielen 2004 in Athen wurde im deutschen Haus exklusiv mit seinem Sekt auf die Erfolge angestoßen. Beim Interview erzählt er mir, dass er sich lange Zeit als Winzer in Griechenland engagiert habe.

»Griechischer Wein?«, frage ich erstaunt und Udo Jürgens' gleichnamiger Hit erklingt in meinen Ohren.

Von Canal lächelt. »Nein, kein Wein, aber Sekt. Bereits in den 90er-Jahren hatte ich Kontakt mit griechischen Winzern und bis vor wenigen Jahren produzierte ich vor Ort aus den Weinen der einheimischen Rebsorten Debina und Moscofilero nach traditioneller Methode Sekt. Dieses Verfahren wurde dort zuvor noch nicht angewendet.« Inzwischen stellen die Hellenen ihren Sekt selbst her, von Canal vermarktet aber aus Verbundenheit weiterhin Produkte aus Griechenland: Weine, Arkadias-Sekt und hochwertige Olivenöle, die nach biologischen Anbaurichtlinien kultiviert werden.

»Vor allem für Winzer in der Region produzieren wir – neben unserem eigenen – im Lohnverfahren Sekt. Außer Riesling werden auch Burgundersorten versektet. Eine Spezialität ist zum Beispiel der Blanc de Noir, ein aus roten Trauben weißgekelterter Sekt. Bei dieser Herstellung werden die Trauben im Ganzen gepresst, sodass der rote Farbstoff in der Beerenhaut verbleibt und nur der weiße Saft abläuft«, erklärt von Canal, als er mir die Kelter und die Füllanlage zeigt.

Seine Frau, die Autorin Anne von Canal, erzählt mir von kulturellen Veranstaltungen im Weingut. Auch bekannte Akteure wie Heiko Deutschmann, Konrad Beikircher und Bernd Stelter waren hier schon bei Lesungen zu Gast. »Wein und Literatur gehen wunderbar zusammen«, sagt sie. »Wir halten es mit Elke Heidenreichs Devise: Weinlesen macht nicht betrunkener als Büchertrinken belesener macht.«

Wandern Sie von Winningen über den Traumpfad nach Kobern-Gondorf und fahren Sie mit der Regionalbahn wieder zurück.

10

Weingut Heymann-Löwenstein
Bahnhofstraße 10
56333 Winningen
02606 1919
www.hl.wine.de

SCHMETTERLINGE AUF BERGTERRASSEN

Terrassenmosel und Weingut Heymann-Löwenstein

Schauplatz von Gabriele Keisers Krimi *Apollofalter* sind die aufragenden Felsstrukturen in steilen Moselhängen. Generationen von Winzerfamilien haben hier eine einzigartige Wein-Kulturlandschaft geschaffen. Hier findet man noch den prächtigen Apollofalter, einen weltweit geschützten Schmetterling.

»Er achtete auf seine Schritte. Schiefergeröll löste sich unter seinen Schuhen und rutschte bergab. Er wagte kaum, hinunterzuschauen. Weil von diesem Blick ins Tal eine derartige Sogkraft ausging, der er sich fast gewaltsam entziehen musste. Gleichzeitig wurde ihm auf unangenehme Weise bewusst, wie schnell er außer Puste kam und nicht richtig mit ihr Schritt halten konnte. Jetzt rächte es sich, dass er jahrelang keinen Sport getrieben hatte. Und auch sonst mit seinem Körper nicht gerade pfleglich umgegangen war.

Sie drehte sich zu ihm um. »Bin ich zu schnell?«, fragte sie mit schuldbewusster Miene.

›Ich genieße die Aussicht‹, gab er ausweichend zurück, während er versuchte, seine Atemzüge zu mäßigen. ›Der Blick von hier oben ist wirklich sehr schön‹, fügte er hinzu. Schwindelerregend schön, hätte er sagen sollen.« (Gabriele Keiser: *Apollofalter*, Gmeiner-Verlag).

Auf in steil aufragenden Felsstrukturen eingepassten Weinbergterrassen, auch »Chören« genannt, entstehen weltweit einzigartige Rieslingweine. Einer der bekanntesten Weingüter ist Heymann-Löwenstein. Auf der Website des Winzers finden Weinfreunde – und solche, die es werden wollen – interessante Beiträge von Reinhard Löwenstein und die Angebote der »Köche und Winzer der Terrassenmosel«. Die »Botschafter des guten Genusses« bieten seit mehr als 20 Jahren herausragende Veranstaltungen an, in denen sich Genuss von Wein und gutem Essen mit weiteren schönen Dingen des Lebens (Kunst, Musik, Literatur) harmonisch verbinden.

Wandern Sie durch die Weinberge hoch zum Winninger Flughafen auf den Moselhöhen, beobachten von der Terrasse den Flugbetrieb oder steigen selbst in die Lüfte.

71

Matthiaskapelle
Über Eiliger Weg
56330 Kobern-Gondorf

Weingut Dötsch-Haupt
Lennigstraße 38
56330 Kobern-Gondorf
02607 8497
www.weingut-doetsch.de

MYSTISCHER ORT MIT AUSSICHT

Wanderung zur Matthiaskapelle

Sie werden sich wundern, warum in einem so kleinen Ort gleich zwei Schlösser und zwei Burgen errichtet wurden. Ober- und Niederburg präsentieren sich majestätisch auf dem Berg, und im Ort stehen Schloss Liebieg und Schloss von der Leyen. Aber das eigentliche Highlight in Kobern-Gondorf ist keine der Burgen, sondern ein mysteriöses Bauwerk, über dessen Entstehung und Bedeutung nur wenig bekannt ist.

Wandern Sie von Kobern über den Kreuzweg den Berg hinauf und genießen Sie von der Ruine Niederburg einen ersten überwältigenden Ausblick. Weiter oben erhebt sich malerisch auf einem Berggrat neben der Matthiaskapelle die Oberburg. Die Burg selbst besteht nur noch aus dem restaurierten Bergfried mit angrenzendem Restaurant. Der wahre Höhepunkt dieser Wanderung ist jedoch die Matthiaskapelle, eine der bedeutendsten spätromanischen Kapellen in Rheinland-Pfalz. Die Architektur ist untypisch für unsere Region und lässt sich eher mit Kirchen der iberischen Halbinsel vergleichen, die sich stilistisch an der Grabeskirche in Jerusalem orientieren. Eine Besichtigung der Matthiaskapelle beeindruckt nachhaltig, denn auf kleinstem Raum findet der aufmerksame Betrachter eine künstlerische Formgebung, die ihresgleichen sucht. Lassen Sie sich einfangen von der Mystik in diesem kleinen Gotteshaus.

Nach einem Besuch der Kapelle haben wir an einem lauwarmen Septemberabend – begleitet von einem traumhaften Sonnenuntergang – hier oben unter freiem Himmel ein leckeres Menü gegessen. An diesem Tag sind wir mit dem Auto hochgefahren. Die schmale Straße ist trotz der engen Kurven durch die Ampelregelung problemlos zu befahren.

Unten an der Mosel präsentiert sich inmitten unzähliger Rhododendren das Schloss Liebieg. Im Schloss von der Leyen sind das Weinmuseum sowie eine Ausstellung des Landeshauptarchivs untergebracht. Für längere Wanderungen empfehle ich Ihnen einen der Mosel-Traumpfade.

Buchen Sie beim *Weingut Dötsch-Haupt* eine zweistündige Planwagen-Tour durch die Weinberge und anschließend eine Weinprobe bei einem der zahlreichen Winzer.

72

Im Schrumpftal
56294 Münstermaifeld
www.schrumpftal.de/

Winzerhof Gietzen
Moselstraße 70
56332 Hatzenport
02605 952371
www.winzerhof-gietzen.com

HIER IST DIE ZEIT STEHEN GEBLIEBEN

Schrumpftal ab Metternich

Das wildromantische Schrumpftal war eines der größten Mühlentäler in der Region und ist heute ein Wander- und Radlerparadies. Der idyllische Landstrich (»Schromb« genannt) zwischen Hatzenport und Metternich blickt auf eine interessante Vergangenheit zurück, die Karl Durben in seinem Heimatbüchlein beschrieben hat. Durbens Eltern bewirtschafteten die Nachtsheims Mühle, wo wir mit Freunden und Kindern idyllische Stunden verbracht haben.

»Conny steuerte das offene Cabrio auf der Moseluferstraße von Koblenz in Richtung Cochem, bog in das Seitental ab, fuhr langsam durch die engen Kurven und genoss die wärmenden Strahlen der Sonne auf seinem Gesicht. Rechts und links grasten auf den saftig grünen Wiesen unzählige Schafe, Ziegen, Kühe und an der Mühle in der Kurve einige Lamas. Das Tal wurde enger und die Wiesen am Rand immer schmäler. Der steil ansteigende Mischwald grenzte nun fast an die enge Straße. Einige Kilometer weiter bildeten die Bäume ein grünes Dach und verdeckten das Sonnenlicht. Wie in einem Zauberwald. Conny parkte sein Auto auf dem kleinen Platz hinter der nächsten Kurve, wo die asphaltierte Straße in einen Feldweg mündete. Am Waldrand standen noch die alten Futterkrippen für die Zugpferde der Planwagen, die früher hier Rast gemacht hatten. Die Mühle war bis in die siebziger Jahre eine beliebte Gaststätte. Damals konnten die Feriengäste an der Mosel nicht nur die Stille abseits der Mosel, sondern auch den Hauswein der Mühlenwirtin genießen. Heute erinnerten lediglich das verrostete Gasthausschild und die von der Sonne gebleichte Schrift mit der Werbung für Königsbacher Bier an die guten alten Zeiten. Gute Zeiten – schlechte Zeiten. Gieß die Sorgen in ein Glaserl Wein. Legal, illegal, shit-egal denkt Conny, als er das Haus seines Dealers erreicht.« (Jörg Schmitt-Kilian: *Shit*, edition zweihorn 2011).

Die enge Straße entlang des Schrumpfbachs ist eine beliebte Trainingsstrecke von Fahrradsportlern, unter anderem auch von dem weltbekannten Triathleten Jürgen Zäck.

Wandern Sie zum idyllischen Künstlerdorf Mörz. Wenn Sie mit dem Rad unterwegs sind, fahren Sie ab Münstermaifeld die ehemalige Bahntrasse bis nach Mayen.

73

Burg Pyrmont
56754 Roes
02672 2345
www.burg-pyrmont.de

Landgasthof Pyrmonter Mühle
Pyrmonter Mühle 1
56754 Roes
02672 7325
www.pyrmonter-muehle.de

Ein Wasserfall und eine alte Mühle

Burg Pyrmont

Ich bin 14 Jahre alt. Pechschwarze Nacht. Willi ist 16 und steuert den Traktor, macht das Licht aus, schaltet in den Leerlauf und rast im Höllentempo die abschüssige Straße an der Burg Pyrmont hinunter. Ich sitze mit vier Freunden im Anhänger. Willi bremst ab, ein Rad verliert die Bodenhaftung, der Anhänger schleudert hin und her. Nur noch wenige Meter bis zu der scharfen Kurve am Wasserfall.

Willi konnte das schleudernde Gespann im letzen Moment stabilisieren. Wir waren auf der Flucht, denn wenige Minuten zuvor hatten wir das Banner eines Pfadfinderstammes erobert und fuhren zurück in unser Zeltlager unterhalb der Burg Pyrmont, die damals noch eine Ruine war.

Noch heute beherrscht der 25 Meter hohe Bergfried die gesamte Anlage. Die Burgmauern, Türme, der Kern der Alten Küche mit dem Speisgewölbe sind gut erhalten. Die eigentlich untypisch großen Fenster mit der malerischen Aussicht auf die Eifellandschaft zeugen davon, dass die Freiherren von Waldbott-Bassenheim Pyrmont einst zu einem Schloss umbauen wollten. Mitte der 60er-Jahre renovierten die Architekten Professor Helmut Hentrich und Hubert Petschnigg in Privatinitiative das alte Gemäuer. Vom Bergfried hat man einen traumhaften Ausblick, und in den Terrassengärten rund um die Burg scheint die Zeit stehen zu bleiben.

Wenn Sie einen Tagesausflug planen, sollten Sie den Traumpfad Pyrmonter Felsensteig entlang an Felswänden und durch weitläufige Felder mit abwechslungsreichen Ausblicken erwandern (11,7 Kilometer/363 Meter/5 Stunden). Kehren Sie danach auf der Burg oder am idyllischen Wasserfall in der *Pyrmonter Mühle* ein. 1651 wurde unterhalb der Burg das heute immer noch erhaltene Wohnhaus des Müllers errichtet. Das Gebäude mit Mahlwerk und Wasserrad wurde leider 1965 abgerissen. Auf der großzügig angelegten Terrasse können Sie, umgeben von Wald, Wasserfall und Mühlteich, eine Zeit der Ruhe und Entspannung genießen.

Tipp: mit dem Burgenbus (Linie 330) von der Mosel zu den Burgen Pyrmont und Eltz. (Fahrplan: www.rhein-mosel-bus.de). Empfehlenswert ist auch eine Übernachtung im *Hotel Pastis* nach einer Traumpfad-Wanderung.

74

Burg Eltz
56294 Münstermaifeld
02672 950500
www.burg-eltz.de

Löffels Landhaus
Obertorstraße 42
56294 Münstermaifeld
02605 953773
www.loeffelslandhaus.de

DER INBEGRIFF EINER MÄRCHENBURG

Burg Eltz

In der Nähe von Koblenz erhebt sich im wildromantischen Elztal eine der schönsten und am besten erhaltenen Burgen Deutschlands, die niemals erobert wurde. Burg Eltz ist zudem eine der bekanntesten: Nicht nur, weil sie bis zur Einführung des Euro den 500-Mark-Schein zierte. Die Burg wird in einem Atemzug mit Schloss Neuschwanstein genannt. Mir gefällt Eltz besser als das Märchenschloss in Bayern.

Die Erbauer der Burg nutzten den 70 Meter steil aufragenden Felskopf als natürliches Fundament. Sie orientierten sich an der Felsformation und stockten die Burg bis zu sieben Stockwerken auf. Durch diese Bauweise entstanden die ungewöhnlichen Grundrisse einzelner Räume. Die imposante Burganlage wird auf drei Seiten von dem Flüsschen Elz (richtig, ohne »t«) umspült und war aufgrund ihrer exponierten Lage schwer zu erobern.

Ein Besuch der Burg war für uns Kinder immer ein besonderes Ereignis. Bei der Wanderung von Wierschem (wir sind nie bis zum Waldparkplatz gefahren. Ich weiß auch nicht, ob er damals schon angelegt war!) trugen wir stolz unsere Schwerter und die im Pfadfinderstamm selbst geschnitzten Bogen und Pfeile. Einmal sind wir sogar vom Zeltlager unter der Burg Pyrmont zu einer Tageswanderung aufgebrochen. Gestern entdeckte ich zufällig im Keller meine Rüstung: zwei grau angemalte, mit stabilen Seilen verbundene kleine Spanplatten, die ein achtjähriger, schmächtiger Knabe bei den Ritterspielen als Brust- und Rückenschutz trug. Schöne Erinnerungen an eine Zeit ohne virtuelle Ritterspiele.

Besichtigen Sie in Münstermaifeld die dreischiffige Basilika, buchen Sie eine Stadtführung zu alten Dorfläden und historischen Gebäuden. *Löffels Landhaus* und die *Pizzeria Vulkana* (neben der Basilika; www.pizzeria-vulcana.de) sind in der Region beliebte Restaurants. Zur Burg Eltz fahren Sie von Münstermaifeld nach Wierschem und folgen den Hinweisschildern zum Burgparkplatz.

Wenn Sie über Moselkern anreisen, bietet sich eine Weiterfahrt nach Cochem (Reichsburg) an.

75

Ehrenburg
56332 Brodenbach
02605 2432
www.ehrenburg.de

Daubisberger Mühle
Ehrbachtal
56332 Brodenbach
06745 267

FEURIG KÄMPFE UND ZARTE KLÄNGE

Ehrenburg und Ehrbachklamm

Die mächtige Ehrenburg thront auf einem Felssporn hoch über dem Ehrbachtal. Zwischen Ostern und Oktober können Besucher an Sonn- und Feiertagen das höfische Zeremoniell und die geballte Lebenslust vergangener Tage bei Musik und Tanz sowie beim Bogen- und Katapultschießen hautnah miterleben. Schauen Sie Töpfern, Trogschnitzern, Schmieden und anderen Handwerkern bei ihrer Arbeit zu. Mitmachen ist erlaubt.

Das Ehrbachtal erstreckt sich von Buchholz bis Brodenbach mehr als 17 Kilometer am Bach entlang. Sie wandern unter Felsvorsprüngen, über steile Hänge vorbei an kleinen Wasserfällen und Strudellöchern. Die eigentliche Klamm ist ein knapp zwei Kilometer langer Abschnitt zwischen Daubisberger Mühle und Eckmühle. In der Klamm lassen ungefährliche Kletterpartien, Steintreppen, schmale Holzbrücken und umgestürzte Baumriesen auch bei Kindern keine Langeweile aufkommen. Das kann ich bestätigen. Festes Schuhwerk ist jedoch erforderlich. Da nicht alle Mühlen bewirtschaftet sind, sollten Sie an Marschverpflegung für den »kleinen Hunger« denken. Wir sind meist in der Daubisberger Mühle eingekehrt. Obwohl der Weg immer am Bach entlangführt, würde ich Ihnen eine kleine Wanderkarte empfehlen. Für die gesamte Strecke benötigen Sie bei geruhsamer Wanderung mit Einkehr in einer der Mühlen (Öffnungszeiten beachten!) etwa fünf bis sechs Stunden.

Wenn Sie und Ihre Kinder rechtzeitig aus den Federn kommen, kann ich Ihnen einen unvergesslichen Tagesausflug empfehlen. Von Boppard können Sie auf der steilsten Eisenbahnstrecke nördlich der Alpen fahren. Die Hunsrückbahn nach Emmelshausen führt über zwei Viadukte und durch fünf Tunnel und überwindet auf ihrer kurzen Fahrt stolze 350 Höhenmeter. Steigen Sie in Buchholz aus und starten Sie zu einer Tageswanderung durch eines der eindrucksvollsten Täler unserer Region.

Sie können auch mit dem Auto nach Brodenbach fahren und eine wesentlich kürzere Strecke wandern oder über die L 206 und die K 72 direkt bis zur Burg fahren.

Von Boppard auf Deutschlands steilster Bahnstrecke bis Buchholz, Wanderung durch die Ehrbachklamm bis Brodenbach, mit Bus oder Schiff wieder zurück nach Koblenz.

76

Burgverwaltung Burg Thurant
56332 Alken
02605 2004
www.thurant.de

EIN FERIENHAUS AN DER BURGMAUER

Burg Thurant und Ort Alken

Burg Thurant und der sich an den Burgberg anschmiegende Winzerort Alken sind zwei Lieblingsplätze, zu denen es mich immer wieder hinzieht. Alken ist für mich der reizvollste Ort an der Untermosel und von den in die Mauer eingelassenen Sitzflächen der Burg Thurant hat man einen herrlichen Blick in die Hunsrückwälder, auf die Mosel und zu den Eifelhöhen. Hier ist das Manuskript meines letzten Kriminalromans entstanden.

Da ich den ehemaligen Alkener Bürgermeister Wilfried Rindsfüßer gut kenne, waren wir schon oft in dem idyllisch gelegenen Ort, und eine kurze Wanderung zur Burg Thurant ist ein Muss. Sie können die herrlichen Winkel der Doppelburg ohne Führung auf eigene Faust erkunden und bei einem Rundgang mehr über das alte Handwerk der Weinherstellung erfahren. Wir haben immer wieder neue interessante Nischen entdeckt und vom Kölner Turm die einzigartige Aussicht genossen. Meist sind wir über die St. Michaelskapelle (Wandfresken, Gebeinhaus und schöner Treppenaufgang) zurück nach Alken gewandert und bei Wilfried und Erika eingekehrt: Unübertroffen war Erikas Platte mit hausgemachter Remouladensoße, und wir haben viele stimmungsvolle Stunden in der stets überfüllten Straußwirtschaft verbracht.

Wer länger wandern möchte, kann in Oberfell über den Traumpfad Bleidenberger Ausblicke nach Alken wandern. Nach dem Aufstieg in einem weinbewachsenen Hang bieten sich großartige Ausblicke, und Sie sollten bei einer Rast an der Hütte am Dickenberg die schöne Fernsicht genießen. Der Traumpfad führt Sie über weiche Wiesenwege bis hinunter in das urwüchsige Alkener Bachtal. Nach einem weiteren Aufstieg erreichen Sie Burg Thurant und wandern nach einer Besichtigung hinunter nach Alken. Sie können nun entweder über den Bleidenberg wieder nach Oberfell wandern oder mit einem Bus an den Ausgangsort zurückfahren.

Wollten Sie schon immer mal auf einer Burg wohnen? Geschmackvoll eingerichtetes Ferienhaus Sporkhorst (bis sechs Personen) mit Garten innerhalb der Burganlage.

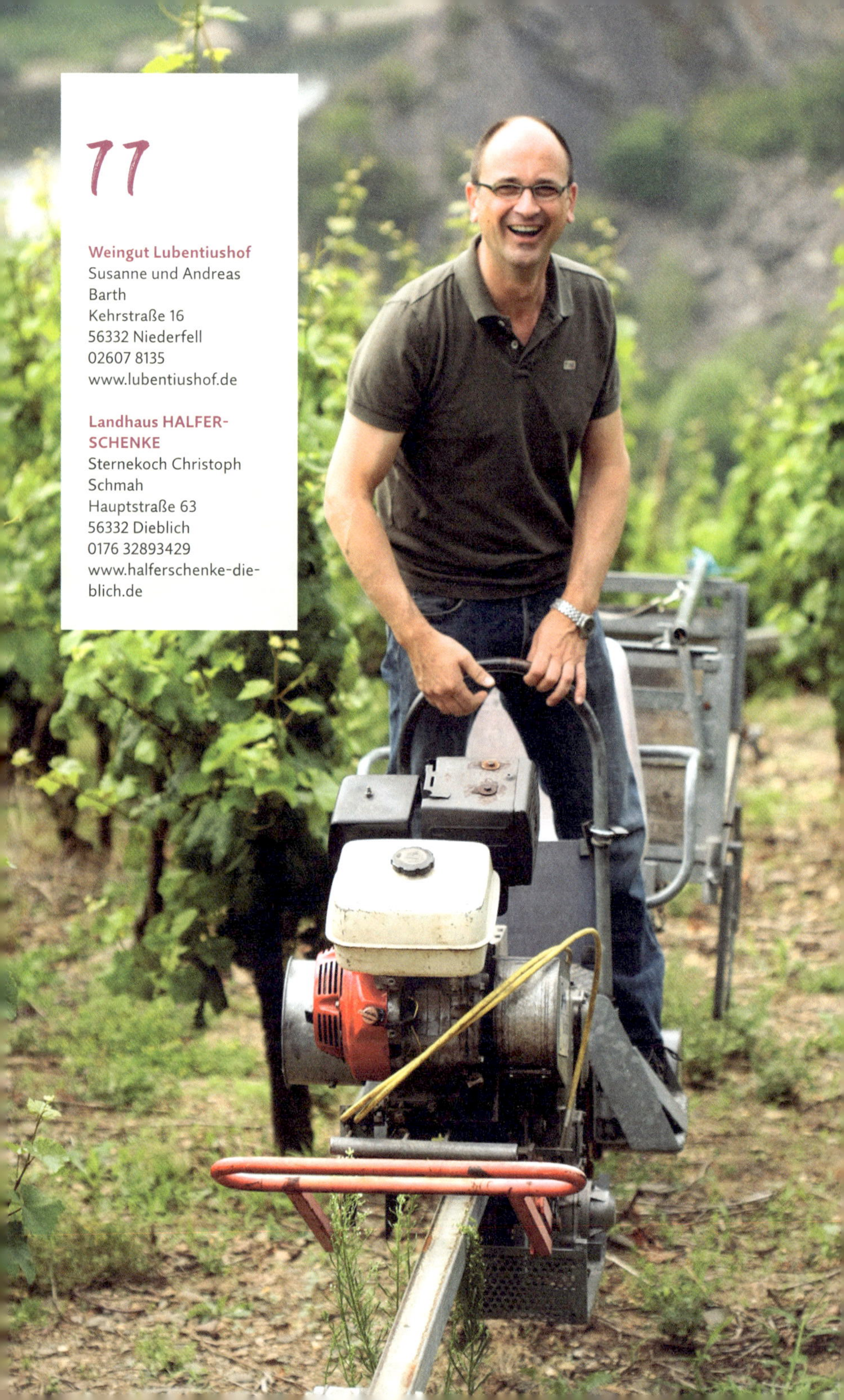

77

Weingut Lubentiushof
Susanne und Andreas Barth
Kehrstraße 16
56332 Niederfell
02607 8135
www.lubentiushof.de

Landhaus HALFER-SCHENKE
Sternekoch Christoph Schmah
Hauptstraße 63
56332 Dieblich
0176 32893429
www.halferschenke-dieblich.de

BEIM KELLERMEISTER VON GÜNTHER JAUCH

Weingut Lubentiushof

Er ist neben Thomas Gottschalk einer der erfolgreichsten deutschen Talkmaster, aber im Weinbau konnte er bei Andreas Barth vom Lubentiushof noch lernen. Ich sitze mit Susanne und Andreas Barth in der geschmackvoll eingerichteten Weinwerkstatt mit offener Glasfassade. Hier bieten die beiden in persönlicher Atmosphäre Weinproben an und beraten ihre Kunden. Architekt Hessel wurde für dieses Projekt mit dem »Architekturpreis Wein« ausgezeichnet.

»Günther Jauchs bester Mann« – so bezeichnet mein Autorenkollege und Weinexperte Carsten Sebastian Henn in seinem neuen Weinführer den Winzer Andreas Barth. Und Henn ist nur einer von vielen Experten, die Barths Weine loben. Andreas Barth vom Lubentiushof ist auch Kellermeister und Geschäftsführer bei Günther Jauch, der das *Weingut von Othegraven* in der siebten Generation übernommen hat. Susanne Barth ist Sprecherin der Arbeitsgemeinschaft der Köche und Winzer an der Terrassenmosel und engagiert sich in der Vermarktung des Weinanbaugebiets.

Der ehemalige Jurastudent Andreas Barth favorisiert beim Ausbau der Weine die Philosophie des Weglassens und verzichtet auf die Zugabe von Reinzuchthefen. Statt der üblichen 18 bis 30 Tage praktiziert er Gärzeiten von 150 bis 250 Tagen und setzt die Weine nicht dem Stress mehrmaliger Filtration aus. »Dadurch erhalten die Rieslinge in ihrer Jugend oftmals noch etwas Verschlossenes, aber Extraktreiches, Komplexes und vor allem wirklich Entwicklungsfähiges, die das widerspiegeln, was die Natur ihnen hat zukommen lassen: einen Geschmack nach dem Boden, auf dem sie wachsen«, erklärt Andreas Barth in einem Interview und betont, dass er viel Wert auf eine stabile Kellerflora legt. Wie viele große Winzer glaubt er, dass die Weine sich dem »Machen« entziehen. Dennoch ist präzise Handarbeit im Weinberg, sensibles Gespür im Keller Barths Philosophie und vielleicht auch das Geheimnis seines Erfolgs. Eine Verkostung in der Weinwerkstatt ist nur nach vorheriger Absprache möglich.

Landschaftlich schöne Strecke über Dieblich-Berg, Mariaroth, Waldesch. Überquerung der Hunsrückhöhenstraße (Aussicht vom Königsstuhl) nach Rhens und am Rhein zurück nach Koblenz.

Wörterbuch für Zugereiste

aale Breck alte Brücke, in Koblenz: Balduinbrücke oder gleichnamige Kneipe

Anstreijer Anstreicher

Badebitt Badewanne

batzisch arrogant

Bembel Woi Steinkrug mit Wein

Binselquäler Anstreicher

Bleiwt doch noch e beßje. Bleibt doch bitte noch hier.

Bolizeistunn Uhrzeit, zu der Lokale schließen müssen

Brääder weit offreiße Mund weit aufmachen

Bullewatz eigenwilliger Mensch

Butze Polizist / Uniformierter

Dal der Gifte Mühlental in Ehrenbreitstein

dann iss hier zappeduster dann ist das Lokal geschlossen und das Licht aus

Dippelbroder Obdachloser

domet dau widder zor Besinnung kimmst damit du wieder zur Besinnung kommst

Do verdoos de dich. Da täuschst du dich aber gewaltig.

e beßje die Aue zogehalle ein Nickerchen gemacht, kurz ausruhen

edepedede vornehm

eklisch unappetitlich

en Brutsch gemacht das Gesicht verzogen

en halwe Flattermann ein halbes Grillhähnchen

es awer stark ist aber stark/kräftig

et iss halwer sechs Uhrzeit: halb sechs in der Früh

faudele beim Kartenspiel pfuschen

Fratz Gesicht

gär mol e Niggerche gemacht ein Nickerchen gemacht, sich kurz ausruhen

Watt hann ich den geläimt. Habe ich den über den Tisch gezogen.

Gesochs Gesindel, undurchsichtige Typen

Glimmstengel Zigarette

halw duut gehaue halb tot geschlagen

Hejel unverschämter junger Mann, auch Pack

hennerecks rückwärts

Hergeloffene Fremde, Zugereiste

Hond Hund

Huhwasser Koblenzer Hochwasser

Ich wor en Kölle die Hoor schnäide losse. Es geht dich nichts an, wo ich war.

Kaad dresche Karten spielen

Kabaus Toilette, hier im Treppenhaus

Käilerei Schlägerei, meistens mehrere und jeder gegen jeden

käiner duutgeschafft hier hat sich noch niemand überarbeitet

Kardaus Stadtteil, aber meist Bezeichnung für Koblenzer Justizvollzugsanstalt

kleine Brietcher backe Ärger bekommen
kniggisch geizig
Kohldamp geschowe Hunger gehabt
kolleraweschwazz tiefschwarz
Kuffer Schläger
Läpsch hänge losse missmutig sein, hängende Unterlippe
Loogus Toilette
Macht käi Fissamadente macht keinen Ärger
Malässe Probleme, anfällig für Krankheiten
Malocher off em Weg zur Schaff Menschen auf dem Weg zur Arbeit
Mann Weidekorb mit Gemüse der Marktfrau
Maulaff Gaffer, untätig herumstehen, Sensationsgeiler
Motzeckche Ecke, in die sich ein Kind zur Strafe stellen muss
Muffländer Menschen aus dem Saarland
Mussel Mosel
net zor richtige Zäit nicht pünktlich
Nixnotz stets zu Streichen aufgelegter (meist junger) Mann
Nobersch Nachbar
off der Walz dauernd unterwegs, ohne Zuhause, Obdachloser
Qualm starkes Hungergefühl
Räsong Venunft, Einsicht
Sarschnajel Zigarette, mit dem Hinweis auf die Gesundheitsschädigung
schicker nicht schick, sondern in Koblenz der Ausdruck für betrunken
schleechter wie die Bolizei erlauwt schlechter als die Polizei erlaubt
schmal Handdoch schmächtiger Mann, dürrer Kerl
Schmer Polizei, auch Brotaufstrich oder auch Bewachung (Schmer stinn)
Schmerch Zigarette
Schrotteler Schrotthändler
schun emol versackt beim Trinken »hängen geblieben«, versackt
Strebbezehjjer Elektriker
Strichbinn Dirne
Uff-Hälder Zuhälter (hält die Hand ja auf, nicht zu)
Uhlerei die Polizei
Utschebebbes verweichlichter Mann
Utze Polizist
Uurze Essensrest
uurze mache, geuurzt nicht alles aufessen, Reste machen
verkremmelt sich immer drückt sich vor der Arbeit, versteckt sich
vierkandisch rauswerfen jemanden aus dem Haus werfen
Visaasch Gesicht (von visage)
vom Pott widder uff stien Toilette wieder verlassen
vor Kohldamp en Schmerch geflubbt eine Zigarette geraucht, um den Hunger zu unterdrücken
Waake Pflasterstein, schwerer Stein
Wambe dicker Bauch
Wäschlabbe Schwächling, Feigling; auch: Zunge
Zores Ärger, oft körperliche Auseinandersetzung

Weinberge von Winzer Göhlen
im Koblenzer Mühlental

KRIMIS AUS DER REGION

Demme-Zech,
Ahrtrüffel
978-3-8392-2561-5

Joachim,
Krähenzeit
978-3-8392-1938-6

Keiser,
Ahrweinkönigin
978-3-8392-2493-9

Niedermeier,
Der Tote im Weinberg
978-3-8392-2509-7

Schulte,
Mörderische Eifel
978-3-8392-2356-7

Weisbrod,
Kernfrage
978-3-8392-1764-1